日本の危険地帯を

裏モノJAPAN編

鉄人文庫

日本の危険地帯をゆく

もくじ

第一章 危険地帯をゆく

日本最凶の町⁉ 筑豊をゆく……8

関東最凶の町⁉ 川崎をゆく……26

足立区やんちゃエリアを歩く……44

「水戸駅南口はヤンキーだらけ説」を追う……62
全国屈指の凶暴地帯　北九州《キタキュー》をゆく……80
沖縄の新成人に国民のみなさまが言ってやりたいこと、代弁してきます！……98
深夜のドンキ族に言ってやりたいことがある……116

第二章

ディープスポットを歩く

原因不明の奇病が蔓延!? 手が震える村……136
地図にない集落を歩く……150
蛇崩・悪土・裏土腐……かつて〝悪地名〟だった町を歩く……166
閉鎖的な村を歩く……186

勧誘の嵐!!! 新興宗教の町を歩く……208
精神病院のある街……226
ヨソ者のおれにも排他的? 探訪、医者イジメの村……246
住人や周囲は日々どう感じているのだろうか 怖い家……264

本書は月刊『裏モノJAPAN』(2011年8月号~2019年3月号)の記事を抜粋し、加筆、修正、再編集を行い、文庫化したものです。

各記事の情報は、初出誌掲載当時のものです。

第一章

危険地帯をゆく

日本最凶の町!? 筑豊をゆく

リポート|藤塚卓実|本誌副編集長

「裏モノJAPAN」2015年6月号掲載

まずは以下の項目に
目を通していただきたい
（文中に出てくる役職や年齢はいずれも当時のもの）。

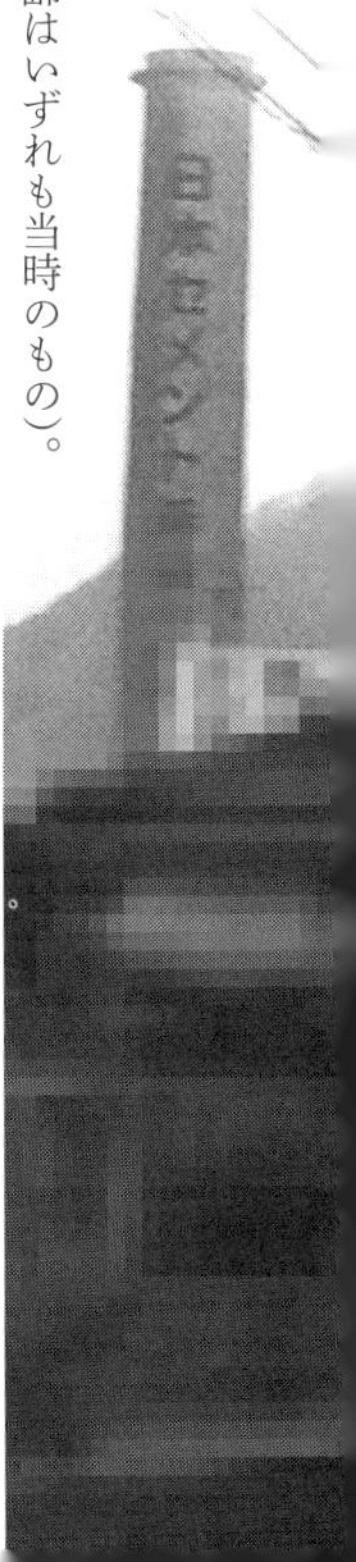

▼町長が執務中に射殺
▼町議選トップ当選を果たした町議が、広域高級車窃盗団のリーダーとして逮捕
▼かつて町民らでメンバーを結成し、全国で暗躍した大規模窃盗団が存在
▼町議選の期間中、候補者の選挙事務所がマシンガンで銃撃され、玄関にいた猫が肉片に
▼不良生徒らによる度重なる非行行為が原因で某中学の校長、教頭が心労を理由に相次いで休職
▼女子中学生が覚せい剤所持で逮捕
▼無職66歳が女子小学生2人に覚せい剤を打った挙げ句、レイプして逮捕
▼中高生を含む少年13人が大麻栽培で逮捕
▼中学教諭が同校生徒から拳銃を没収。さらにその拳銃が職員室で暴発し騒動に
▼教育委員会職員が刃物を持って商店に押し入り、強盗未遂で逮捕

まるで空想上の犯罪都市のごとき凶悪なトピックの数々。だが、これらはフィクション

でもなければ中東あたりの紛争地域での話でもない。日本国内の、ある同一エリアで実際に起きた事件群なのだ。

筑豊。

福岡県中央部に位置する5つの市と3つの郡の総称だ。

もともと炭鉱で栄えた地域だけに、荒くれ者の多い土地柄というのは想像がつく。が、それにしたってメーターの振り切れ具合がハンパじゃない。子供から大人、挙げ句には議員のお偉いさん方まで、競うように悪事に手を染めるだなんて。

この地を訪れたあかつきには、いったいどんな出来事が待ち受けているのだろうか。

黄色信号での停車ってマナー違反なの?

2015年3月平日の昼。福岡空港からレンタカーを1時間半ほど飛ばし、筑豊エリアに入った。運転席からの風景は、全国どこにも見られる郊外のソレと変わりない。国道の両側にファミレスやコンビニが並び、その合間に寂れた個人商店や事務所、民家などが姿を現す。

けど、何だろう。先ほどから胸がモヤモヤするこの違和感は。

……道路を走っている車の車種がオカシイのだ。およそ8割が軽自動車、残り1割はローダウンの改造車か全面にスモークを貼ったいかにも悪そうな外車といった有様で、一般的なセダンタイプがほとんど見当たらない。ここまでハッキリ車種が偏ることってあり得るの？

軽自動車の大半は、フロントガラスによくわからんキャラクターグッズをごちゃごちゃと飾っている。中にはボディ全体を無数の小さなステッカーで覆い尽くしている面妖な車もあるが、とにかく不思議でならないのは、そういう車のドライバーに明らかなオッサンやオバハンが混じっていることだ。若者ならいざ知らず、どういうことなんだか。

とにかく町中、軽自動車だらけ。中にはこんな車も……

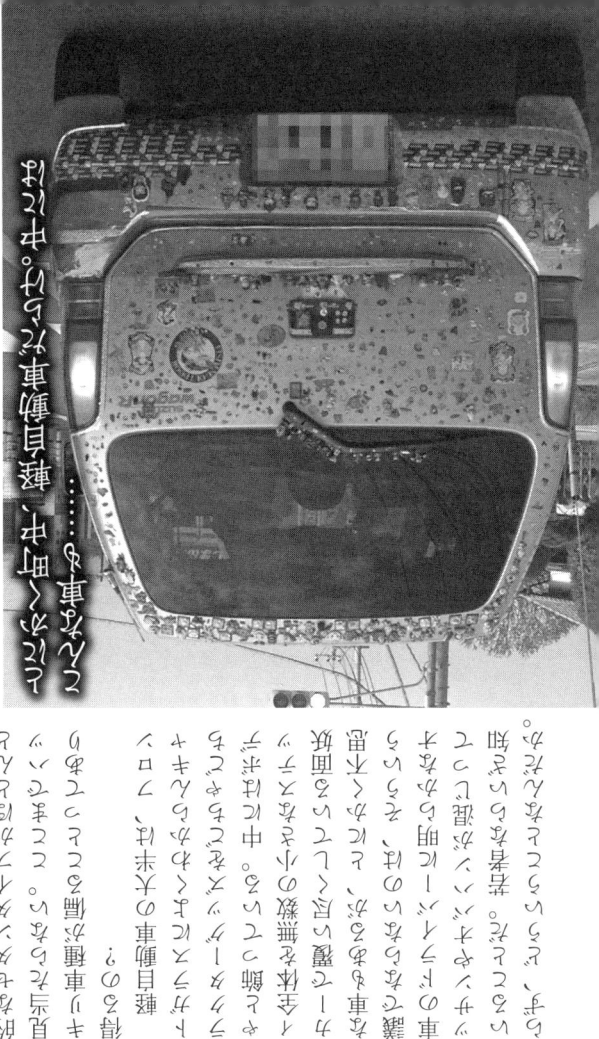

前方の信号がふいに青から黄色に変わった。慌ててブレーキを踏んだ途端、後方から猛烈なクラクションが。

パパパパパ――――ン!

バックミラーをチラッと覗くと、一見、普通の青年が軽自動車の中で口をパクパクさせ何やら怒鳴っている。黄色信号を突っ切らなかったことにご立腹のようだ。

それからしばらく、また交差点を目前にして信号が黄色になった。当然のようにブレーキを踏む。

ビビビー!

またクラクションだ。抗議しているのは60を軽く超えてそうなバアさん運転手である。まさかここでは黄色信号での停車ってマナー違反なの?

軽自動車が貨物トラックを煽りまくる

そろそろ市街地に入ろうかという矢先、後ろから来た1台の軽自動車に猛スピードで追い越された。片側一車線の狭い道路で、追い越しはむろん禁止だ。よっぽど急いでんのか?

続いて軽自動車は前方の貨物トラックにも追い抜きを試みた。しかし対向車がなかなか途切れず、そのイラつきを示すかのように中央線の外と内を行ったり来たりしている。

その後、軽自動車が取った行動にア然とした。貨物トラックを煽りはじめたのだ。車間距離をギリギリまで詰め、ウォンウォンとアクセルを吹かす。信号が赤から青に変わる際は、はやく行けバカ！　と言わんばかりにクラクションの嵐だ。

ノロノロ運転の軽自動車がトラックに煽られる場面は何度か目撃したことはあるけど、逆バージョンははじめてだ。何だか凄すぎて逆に笑えるんだが。

間もなく、トラックは交差点を左折した。追い抜きざま、軽自動車の助手席窓から顔を出した金髪のオバサン（！）が、トラックに向かって大声で叫ぶ。内容まで聞き取ることはできなかったが、あの悪意むきだしの表情を見れば、おおよその察しはつく。

「こいつでスカーンとぶっ叩いたるけん」

やがて車は辺鄙な町に辿り着いた。掘っ建て小屋に等しい駅舎。潰れかけの商店。人影といえば、小学生か老人くらいしか見当たらない。悲しくなるほど寂しい光景だ。

遠くから物騒な音が聞こえてきた。

フォンフォフォンフォフォン。

顔を上げた先には、改造バイクに乗った金髪男の姿が。ヘルメットもかぶらず、狭い路地をわざと蛇行しながら走る様はまんま暴走族だが、それにしては何だか顔つきが幼いような…。

車であとを追いかけてみた。金髪男は爆音を響かせて田舎道を突き進み、5分ほどして古びたタバコ屋の裏にバイクを止めた。どうやらそこはたまり場のようで、金髪男の他にも、似たような歳格好の不良どもが7、8人ほど談笑している。そしてその傍らにはいかにもゾク車仕様のバイクが数台。怖いけど、ちょっと話しかけてみよう。

「こんにちはー」

連中はピタッと会話を止め、怪訝そうにこちらを見た。

「めっちゃかっこいい単車だね。これって直管（爆音が出るようにマフラーをぶった切った状態）にしてるの？」

「はい、そうっす。かなりいい音出ますよ」

金髪男がはにかんで答える。

「もしかしてみんな暴走族だったりするの？」

周囲からドッと笑いが起きる。

「違いますよ、そんなんじゃないっす。俺らまだ中学やし」

「え、中学生？」

「はい、何人か先輩（卒業生）も混じってますけど」

　ノーヘルでゾクまがいの単車を堂々と昼の町中で乗り回す中学生。筑豊訪問はなかなか濃い内容で始まったようだ。

　ふいに連中の1人が単車に乗り、周辺をグルグルと走り始めた。少年がアクセルを吹かして騒音をまき散らすなか、ときどき付近の大人が通りかかるものの、彼らは何も注意しない。ビビって黙っているというよりは、むしろ日常の見慣れた風景として気にも留めていない印象だ。

　そうこうするうち、彼らがどこかへ移動する気配を見せた。どこぞへ暴走でもしにいくつもりか。

金髪クンが照れ笑いを浮かべる。

「ちょっと、これから話し合いがあるんすよ」

以前、彼らの仲間が他校の生徒にこっぴどく殴られるという事件があったそうで、その落とし前をつけるため、相手方の少年らと会談を持つのだという。

金髪クンが尻ポケットから取り出したモンキーレンチを手の平にバチンと打ちつけた。

「まあ、相手がなんか面倒くさいこと言い出しよったら、こいつでスカーンとぶっ叩いたるけん」

そばにいた仲間も口を開く。

「それやったら、いきなり単車で轢いてしまえば一発でしまいばい！」

「だはは、それウケるっちゃ！」

彼らは楽しそうにバイクで走り去っていった。

「あなたどこの人？ ここで何しよると？」

市街地や郊外の町をまわっているうち、ちょっと不思議な感じのする空間に紛れ込んだ。

一見、古びた民家の建ちならぶ住宅エリアなのだが、なぜかお[redacted]焼き屋とホ[redacted]屋がやたらと乱立しているのだ。車で走行中、お[redacted]焼き屋を1軒見つけたら、数十秒後に

ゴーストタウン化した商店街……

また1軒、さらにまたその直後に1軒といった具合に。ここらの人は、よほどお●●焼きとホ●●●が好きなようだ。せっかくだし、ちょいと徒歩で探索してみるとしよう。

　路地を歩き始めてすぐ、民家の軒先で高齢の女性がタバコを吸っているところに出くわした。どういうわけかこちらをジーッと凝視している。軽く会釈しておくか。

「こんにちは」

　彼女はニコリともしない。タバコの煙をフーッと吐きだし、相変わらずこちらを見つめたままだ。

　そのままやり過ごし、角を右へ。と、前方からやってきた歩きタバコのオバハン（40代）がすれ違いざまに足を止めた。

「あなたどこの人？」

「ただの通りすがりですが」

「ここで何しよると？」

「えっと散歩ですが」

「ふーん……」

納得がいかない様子のオバハンは、そのままチラチラと視線を投げかけながら去ってい
った。何だかさっきから不審者あつかいされてね？

とにかくもう車に戻った方がよさそうだ。念のため、街並みの写真だけでも撮っておく
か。パシャ。もういっちょパシャ。

続いてスマホのレンズを目の前の民家群に向けたとき、どこからか怒鳴り声が。

「こらキサン（キサマ）、何しよん！」

直後、民家の玄関から顔を真っ赤にしたオッサンが躍り出てきた。

「キサン。こんなとこで勝手に写真ば撮りよって」

殺気だった顔でオッサンはまっすぐ近づいてくる。

本能のアラームがけたたましく警告音を発している。なんで怒ってんのかわからんが、
とにかく逃げろ！

「ウソウソ。アキナは中学生ばい」

午後9時。昼間はゴーストタウンさながらだった市街地も、夜の時間帯はガラッと雰囲気が変わっていた。特に飲み屋街は、道の両側にけばけばしいネオン看板が無数に並び、あちこちから酔客の騒々しい声が聞こえてくる。

数あるスナックからよさげな店を選び、中へ。店員に案内され席に着くと、若い女が隣に座った。

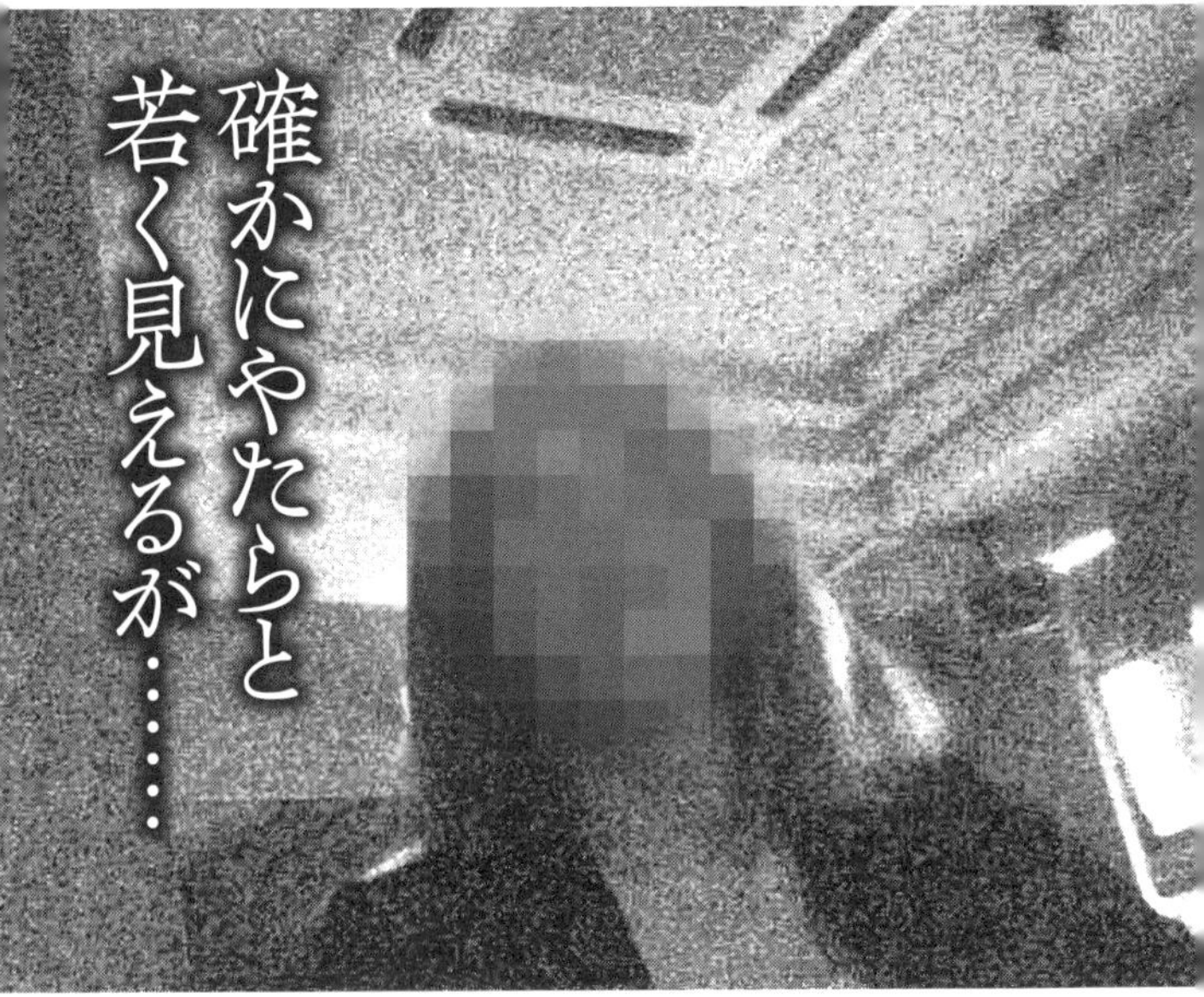

ややポッチャリしてるが、目鼻立ちのはっきりした美人さんだ。

「こんばんは。アキナ（仮名）と言います」

「あ、どうも」

「お客さん、地元の人じゃないでしょ。博多？　あ、もしかして東京とか？」

「え、なんでわかったの？」

「だってここらの人、そんなオシャレな格好で飲みに来よらんき」

これがオシャレ？　ジーパンにシャツのごくごくフツーの格好だけど？

「地元のお客さんはみんな、だいたいあんな感じ」

彼女が指さした隣りテーブルに

は、30前後の男たちが数名座っていた。みな全身を黒いジャージで覆い、首から金のネックレスを下げている。歌舞伎町で見かけるヤミ金のニイチャンそっくりだ。ふうん、これが筑豊の標準スタイルなのか。

「やっぱりここらはヤンチャな人が多いのかな」

「うーん、外から来る人はここらの人間は怖いっち言うけど、うちは地元だからわからんちゃ」

少し間を空けて彼女が続ける。

「でも狭い町にしては事件多いかも。うちと同じ中学の卒業生も強盗やって捕まったち聞いたし」

そんな感じで30分ほど飲んだあたりだろうか。何気なく彼女に尋ねた。

「そういえばアキナちゃんって歳いくつなの？　かなり若いよね」

「へへ、18でーす」

「おお、やっぱり10代か」

店内の暗い照明でもその瑞々しい肌の質感ははっきりとわかる。やっぱ若い子はいいねえ。

直後、すぐ近くのテーブルから、常連らしき上品なジーサンがクルッとこちらを向いた。

「ウソウソ。アキナは中学生ばい」

「え…」

一瞬、店内が静まりかえったあと、すかさず店のママがジーサンに噛みついた。なぜか血相を変え、目をパチクリさせながら。

「何言ってるんですか。うちに中学生なんかいませんよ！」

「でもこの間、ナツミ（他の嬢）が、アキナは15歳ち言うちょったばい」

思わずアキナの顔を眺める。たしかに中学生と言われればそう見えなくもないが…。

「あのオジサンの話マジ？」

「えー違いますよ、そんなわけないっちゃ」

アキナはまったく動揺もせず涼しい顔だ。


「2人ばかし半殺しにしてきたっちゃ〜〜」


スナックを出て、飲み屋街をフラフラと歩いた。アルコールでほてった顔に夜風がひんやりと心地良い。…ん、何だあいつは。

前方から歩いてくる男の様子がどうも物騒だ。歳は40前後。かなり酔っているのか、フラフラとした足取りで、すれ違う通行人にいちいち罵声を浴びせかけている。

「オラァ、クソボケ！」

ああいう手合いに絡まれたら面倒なことこの上ない。いかにも凶暴そうな面構えだし、おとなしくやり過ごそう。

しかし、目を伏せてすばやく脇を通り過ぎようとしたところ、男が上着の袖をぐいっと引っ張ってきた。

「おいコラ〜〜」

「あ、すいません」

「キサン、なん謝っちょう〜〜、あ〜んコラ？」

「いや、何だか怒ってらっしゃるので謝った方がいいのかと」

「……」

しばし男はジーッとこちらを睨み、そのままドスンと地べたに手をついた。

「こっちこそ悪かったっちゃ。この通りスイマセン」

ずいぶん極端な人だ。自分から絡んできたくせに、いきなり土下座って。酔っぱらいって大抵こういうもんだけど。

「あの、別に気にしてないんで顔を上げてください」

「そう？　ホントごめんね〜〜」

「大丈夫ですか、だいぶ荒れてたようですけど」

と、しょぼくれてた男の目にふたたび狂気のようなものが宿った。

半殺しにしちゃ
イカンでしょ……

「当然やろうが〜〜〜。いまのいま、どえらいことしてきたんやき。2人ばかし半殺しにしてきたっちゃ〜〜〜」

「はい？」

聞き間違えだろうか。さらっとトンでもないこと口走ってたような…。

「あの、誰かにケガを負わせたんですか？」

「うんそう、元嫁とそいつのオヤジばい」

この男、離婚した元妻との間に子供が2人いるのだが、元妻とその両親の意向で、ずっと子供に会わせてもらってないらしい。で、先ほど泥酔したまま元妻の実家に抗議しに行ったところ、まるで取り合ってもらえず、大暴れしてきたんだとか。なるほど、そりゃ離婚させられるわ。

ほどなく、遠くでパトカーのサイレンが聞こえた。

「あの女（元妻）、通報しよったんやろか。とりあえずワシ、逃げるっちゃ」

そう言ってよろよろと立ち上がった男は、不格好に足をもたつかせ夜の町へと消えていった。

関東最凶の町!? 川崎をゆく

リポート|藤塚卓実|本誌副編集長

「裏モノJAPAN」2015年7月号掲載

東の横綱はここだ!

前項で、私、フジツカが日本最凶と名高い福岡県・筑豊を訪れ、そのはっちゃけっぷりをレポートしたところ、読者から同じ主旨の感想が多数届いた。

『西の横綱が筑豊なら東の横綱は川崎で決まりでしょう。ぜひ取材してください』

『川崎在住だけど、柄悪いし、治安もヤバいよ。筑豊なんて目じゃないから！』

川崎市は、横浜に次ぐ神奈川県第2の都市であり、日本屈指の工業地帯でもある。工場が建ちならぶエリアというのは伝統的にやんちゃな人間が多いとされるが、読者から寄せられたカワサキ情報を見れば、その説もにわかに説得力が増してくる。

▼ヤクザ事務所がやたらと多い
▼ヤンキーの人口密度と生活保護の受給率がずば抜けて高い
▼不法滞在の不良外国人がわんさかいる……等など

もうひとつ、川崎といえば、まだ記憶に新しい川崎中1男子殺害事件のこともある。あの残忍きわまりない犯罪の背景にも、この地に根づいた特殊なヤンキー文化の影響があったと聞く。

興味は募るばかりだ。さっそく現地に乗り込み、ナマの空気を体感しにいくとしよう。

ヤクザサミットでも開催してるんだろうか

ひと口に川崎市といっても、治安の良し悪しには大きな東西差があるらしい。西側の麻生区、高津区などは東京のベッドタウンとしてむしろハイソな雰囲気すら漂うが、東へ向かうにしたがいガラは悪くなり、その傾向は最東端の川崎区でピークに達するそうな。

２０１５年５月の平日、正午。その川崎区の中心地、JR川崎駅にやってきた。駅前の繁華街は夜の時間帯に取っておくとして、ひとまず他のエリアを探索することに。

最初に訪れたのは、駅から市バスで10分ほどの距離にあるコリアンタウンだ。名のごとく、通りには焼き肉屋、韓国系の食料品店があちこちに見てとれる。

そんな町中をずんずん歩いていくと、ふいにどこからともなく緊張感のある声が響いた。

「ご苦労様です！」

コリアンタウン。昼間からなんだか物騒でした

何事かと振り向いた先には、全面スモーク張りのワルそうなヴェルファイア（高級ワゴン車）が停車しており、運転手らしき若い男が車の外で頭を下げている。どうやら目の前の焼き肉屋から出て来た客を出迎えているようだが、その人物というのが、いかにもヤクザのお偉いさんといった風貌なのだ。おっと、いきなりですか…。

さらにそこからしばらく進んだところでも、似たような光景が。路肩に縦列駐車した2台の黒塗り高級セダンの周りで、スーツやスエット姿の男たちがタバコを吸いつつ談笑しているのだ。そばを歩く通行人もそこは意識してるようで、心なしか、みな表情が硬い。

極めつけはコリアンタウンの外へ出てしばらく、何の変哲もないマンション前を通りかかったときだ。玄関から1、2、3…およそ7、8人の暴力団風がぞろぞろと出てくる場面に出くわしたのである。ひそかにヤクザサミットでも開催してるんだろうか。そうじゃないならこの遭遇率、ちょっと異常じゃね？

もちろん、だからといって、ああいう方々を必要以上に怖がるのはナンセンスと思うが、触らぬ神にたたり無しということわざもある。トラブルが起きぬ前に移動しよう。

さながら大阪・西成のリトル版を思わせる

ふたたびバスに乗って、商店街と住宅街の隣接するエリアにやってきた。特に目的もなくぶらぶら歩き回るうち、ひとつ気づいたことが。なぜか缶チューハイを手にしているオッサンやジーサンをひんぱんに見かけるのだ。ときには自転車のドリンクホルダーにチューハイを差し込み、悠々とペダルを漕ぐ者もいる。

　道端だけじゃない。町中の小さな公園を通りかかるたび、ベンチでひとりチビチビ飲む者、何人かで車座になって騒ぐ者など、とにかくそういったユルい光景が飛び込んでくる。むやみにパチンコ屋や作業着ショップが目につくこともあいまって、さながら大阪・西成のリトル版を思わせる様相だ。

　公園ベンチで酒盛りするジーサンたちをぼんやり眺めていた折、遠くでバイク集団がアクセルを吹かしてるような音が聞こえてきた。

　暴走族なのは間違いないが、平日のまっ昼間に集会だなんて聞いたことがない。よほど気合いが入ってんのか、あるいはよほどヒマなのか。

　バイク集団はこちらにやって来る前に進路を変えたのか、だんだん爆音は遠のいていく。代わりに、自転車に乗った中学生らしき2人組が猛スピードで公園前を横切っていった。両人とも金髪アタマに制服という出で立ち。どうやら暴走族を見学しようと追いかけている最中のようだ。

昼酒の好きな人が異常に多い

「やっべ、間に合わねえべ」

「うわぁ、チョー見てぇ〜」

中学生が完全に走り去ると、それを待っていたかのように、酒飲みジーサンたちが大声で騒ぎはじめた。

「なんだい、暴走族なんかに憧れてんのか、あの子供は。先が思いやられるねえ、え〜？へへっ」

「しょうがないよ。まだおまんちょの味も知らないんだから」

「バカだねえ、おまんちょ覚えたって、暴走族になる子は暴走族になるでしょうよ」

ヒザを叩いてヒーヒー笑い合うジーサンたち。そしてその傍らをベビーカーを押した若ママが足早に通りすぎてゆく。下品だねえ。

「このトイレ、使用料が50円かかるんです」

午後3時。球場や遊具が豊富にある大きな公園にやってきた。たまたま立ち寄ったタバコ屋で、そこが不良中学生のたまり場になっていると聞き足を運んだわけだが、辺りに学生の影は見当たらない。確認できるのは、子連れの若いママさんや、缶チューハイのジーサン（本当に、呆れるほどこの手の人間を見かける）くらいだ。タイミングが悪かったのだろう。

　とりあえずションベンをしようと園内のトイレへ向かった。入口に白髪のジーサンがプラスチックの箱を持って立っている。

　ジーサンがぺこりと頭を下げる。

「すいません、ここのトイレ、使用料が50円かかるんです」

「有料なんですか？」

「はい」

　おれとほぼ同時にトイレに入ってきた男性も声をあげた。

「え、そうなの？　この前までタダで使えたのに」

「すいません、区民の方には役所からお知らせが届いてるハズなんですが」

　公園のトイレが有料だなんてあまり聞かない話だが、そういう決まりなら仕方ない。50円なんて安いもんだし。

　それから1時間、先ほどと別の公園にいたおれは、ふたた

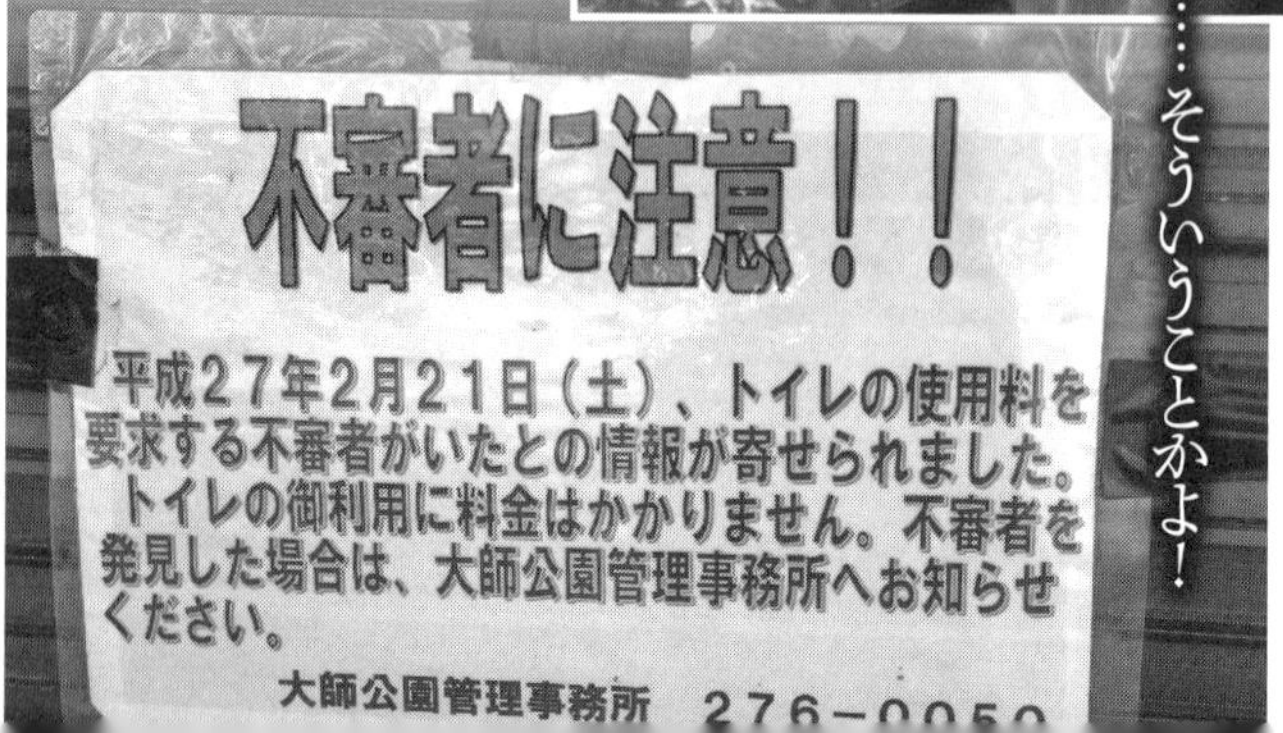
不審者に注意！！
平成27年2月21日（土）、トイレの使用料を要求する不審者がいたとの情報が寄せられました。
トイレの御利用に料金はかかりません。不審者を発見した場合は、大師公園管理事務所へお知らせください。
大師公園管理事務所

トイレに入るため、おっさんに50円を……そういうことかよ！

び尿意を覚え、園内のトイレへ。と、入口の目立つ場所でこんな張り紙を発見した。

『不審者に注意！　トイレの利用料を要求する不審者がいるとの情報が寄せられました。トイレの御利用にお金はかかりません』

何かゾワゾワするものが胸を駆け巡った。こんな偶然ってあるだろうか。いやいや、そんなハズはない。絶対にありっこない。くそ、あのジジイ、まんまとダマしやがったな！

「あんまりウロチョロしないほうがいいよ」

ようやく日が暮れ始めたころ、川崎駅へと戻る道すがら、なんとも薄気味の悪い場所を見つけた。

両側を掘っ建て小屋同然の家々に挟まれた真っ暗闇の細い路地。周囲が街灯で明るく照らされているぶん、余計に暗さが目立つ。いわば都会にこつ然と姿を現した、ブラックホールのような趣きだ。何だ、ここ。

ドキドキしながら路地に足を踏み入れる。どうやら大半の家は無人の廃屋のようだが、さらに歩を進めていくと前方にポツリと灯りのついた建物が。

ほんの少し開いたドアの隙間から、数人の悪そうな男たちの姿が確認できた。くわえタバコで何やら楽しげに談笑している。

一瞬、緊張が走ったのは、彼らが万札の束を握っていたからだ。状況が状況だけに、どうしても想像が悪い方向に働く。もしやヤバいブツの取引現場だったりして…。とにかく、このままここにいては非常にマズい気がする。

抜き足でもと来た道へ引き返そうとした直後、誰かが前から歩いてきた。ビビりながら見たその風体は、いかにも不良といった感じの中年男だ。うわぁ…。もうこうなったら、知らん顔で通り過ぎるしかない。

「ちょっと」

この路地、
二度と近づかないほうが
よさそうだ……

男とすれ違う際、案の定、呼び止められた。

「はい？」

「何やってんの？」

「いや、あの、道に迷いまして」

「ふうん。あんまりウロチョロしないほうがいいよ」

「はい！」

無事、路地を抜け出た後、付近を通りかかったニーチャンに尋ねてみる。

「すいません、あの路地の奥って何かあるんですか？」

彼は「自分もよくわからないんですけど」と前置きしてからこう言った。

「聞いた話だと、ヤクザの賭場みたいなところがあるみたいですよ。よく、それっぽい人が出入りしてるのを見かけますし」

うずくまるホスト君に男の蹴りが何発も…

午後9時。夕飯を食ったあと、駅前の繁華街に繰りだした。フーゾク、キャバクラ、マンガ喫茶、バーなどが軒を連ねる界隈はワイザツそのものだが、ちょっと物足りない。ウワサに違わず、通りには気合いの入ってそうなヤンキー兄ちゃんが結構いるものの、ただすれ違うだけでは、さすがにインネンを吹っかけてくるようなこともないわけで。ふっふっふ。川崎ヤンキー、意外と普通じゃのう。

余裕をぶっこいていたのも束の間だった。

「いまチラッとこっち見たろ、おっさん。ケンカすんべーや」

人通りの多い表通りで、いきなり特攻服姿の2人組に肩をつかまれたのだ。たしかにチラッと見たのは間違いないが、ホントのホントにチラッとだ。てか、街中で特攻服に出くわしたらフツー誰でも見るだろ、バカ！

心の声を胸にしまい、ひたすら「すいません」を繰りかえすと、ヤンキー君たちは「ダッセー」と捨て台詞を残し、去っていった。ふぅ。

それからしばらく、繁華街のはずれの裏道で、タバコを吸っていたときのことだ。

バコーン！

遠くでもの凄い音が響いた。何事かと見れば、遠目からでもわかるくらい、怒り狂った様子の男が歩いてくる。

特攻服なんぞ着てりゃチラッと見もしますってば……

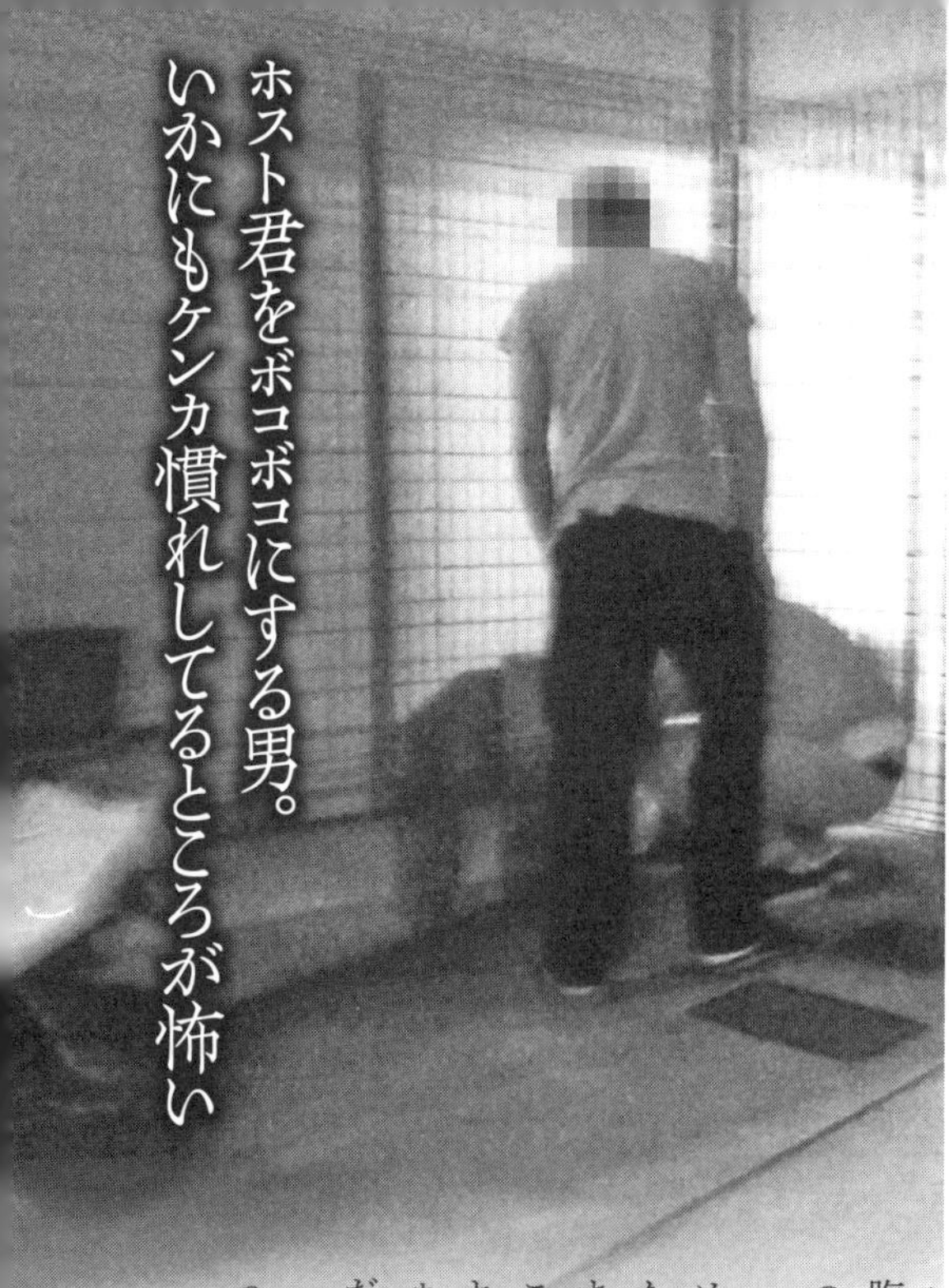
ホスト君をボコボコにする男。いかにもケンカ慣れしてるところが怖い

「くっそー！」

絶叫と同時に男が自販機を蹴り上げた。ドカ！　どうやらモノに当たり散らしながら歩いているようだ。よほど腹の立つことでもあったのか？

カメラにその様子を収めようとまごまごしていた際、男と目が合ってしまった。ヤツがまっすぐこちらに向かってくる。よくよく見れば首にタトゥーを入れた物騒な外見だ。え〜、やめてやめて。

「てめえ何見てんだ、ぶっ殺…」

「すいません！」

あわてて謝ったところ、

男はおれの側にあった灰皿を蹴り上げ、そのまま通り過ぎていった。た、助かった…。

まもなく、男が歩いていった先で怒声が。

「んだ、てめー！」

「やんのか、死ねや！」

駐車場で、男が誰かとケンカをはじめたようだ。

駆けつけた現場の光景を見て、思わず息を飲んだ。男の足下にホストっぽい髪型の男が鼻血を出してうずくまっている。そこへさらに男の蹴りが何発も…。

血の気が引くとはこのことだ。一歩間違えれば、おれがあのボロ雑巾のようなホスト君になっていたのだから。

深夜の駅前にあらわれる売人バーサン

夜11時。避難の意味で、適当なスナックに飛び込んだ。川崎のおっかなさはもうゲップが出るほど堪能した。軽く一杯飲んで、今夜はマンガ喫茶にでも泊まろう。

ところが会話の流れからつい、ママさんに今回の取材の趣旨を教えたところ、彼女が興味深いことを口にする。

「そういえば半年ほど前から、川崎駅前にすっごく変なおばあさんが出没するんだって」

「どう変なんです？」

「うちの若い子が実際にしゃべったらしいんだけど、いろいろと変みたいよ。覚せい剤も売ってるんだって」

バーサンが現れるのはほぼ毎晩、深夜の2時過ぎ。いつも赤や紫のド派手な服を着ているので、すぐにわかるという。

バーサンがシャブの密売人をやってる点だけでも変わっているのに、服装が派手とはこれいかに。なるべく人目につかないようにするのが、ああいう商売でもっとも大事なんじゃないの？

ともあれ、たしかに面白そうな話ではある。ちょいと接触してみるか。

——というわけで深夜2時半、眠い目をこすりこすり駅前に足を運んだ。さすがに喧噪に満ちていた駅前もこの時間はほとんど人影もなく、目につくのは段ボールの上に横たわるホームレスくらいしかいない。

ふと視線を走らせた駅ビル前に、小柄な女性の姿があった。たくさんの造花をつけた麦わら帽子に、花柄のシャツ、肩にはマント。そんなド派手な格好でリズミカルにステップのようなものを踏み、時折、くるりとターンをしている。どうやら、ひとりで踊っているらしい。うーん、すごい目立ちっぷりだ。あれがそうなのか？

とりあえずバーサンの方に歩み寄った。客を装い、物欲しそうな視線を送ってみる。

彼女は反応した。

「オニイチャン、何かほしいのある？　何でもあるよ」

「冷たいのはある？」

冷たいとはシャブの隠語だ。

「あるよ。どれくらい欲しい？」

「とりあえずモノを見せてくれる？　良さそうだったらたくさん買うよ」

むろん、実際に買ったりはしない。ブツを隠し撮りしたら適当にあしらって帰るつもりだ。

しかしバーサンは首を振る。

「ダメダメ。こういうのは信用商売だから。先にお金を渡してくれたら取ってきてあげる」

「うーん、でも、やっぱ先に見せてよ。ちらっとでいいから」

「ダメ。ほら、どれくらい欲しいかはやく言いなさい」

なかなか強情だ。何度お願いしても、ガンとして譲ってくれない。

カバンの口にバーサンの手がずっぽり

早々にあきらめ立ち去ろうとすると、バーサンが妙なことを言いだした。

「オニーサンどこから来たの？」

「東京だよ」

「じゃ始発に乗るんでしょ？　私もそうだから一緒に待とうよ。あと2時間ほどだし」

はあ？　ヤクの売人ってこんなに慣れ慣れしいのか？　てかホントに売人なのか、この人。

とはいえ、今からマンガ喫茶に行くのも中途半端だ。ひま潰しにはちょうどいいかも。

ひとまず手近の階段に座ると、バーサンもおれに密着するように腰を下ろした。なんだこの距離感は。甘えてんのか、気色の悪い。

「そういえば、いま株がブームでしょ」

バーサンが唐突に口を開いた。

「でも絶対に手を出しちゃいけないよ。どうせユダヤが独り占めするようになってるんだから。安倍も信じちゃダメ、バカ見るよ」

どこかで聞いたような陰謀論が展開された。

「いや、おれ株はやらないから」

「そうそう、それがいいよ。東日本大震災のときも…」

バーサンのくだらない話はえんえんと続いた。もとからおしゃべりなのか、話題が途切れることなくしゃべるしゃべる。ふぁ、だんだん眠くなってきた…。

話の途中、何かがおれのカバン（たすき掛けタイプ）に触れた気がして、ふと視線を向けた。チャックを開けっ放しにしていたカバンの口に、バーサンの手がずっぽりと入っている。

「……何やってんの？」

バーサンは悪びれもせず言う。

「ああ、ゴメンね。指がかゆかったからさ、チャックのギザギザで掻いてたの」

バカにするな。財布をパクろうとしたろ。ただの泥棒じゃん。

終電を逃した酔っぱらいに近づき、スキを見て財布をかっぱらう。大方、こんなところか。

となると、シャブの話もおおいに怪しい。多分、先にカネだけもらってドロンみたいな、せこいことをやるつもりだったに違いない。きっとそうだ。

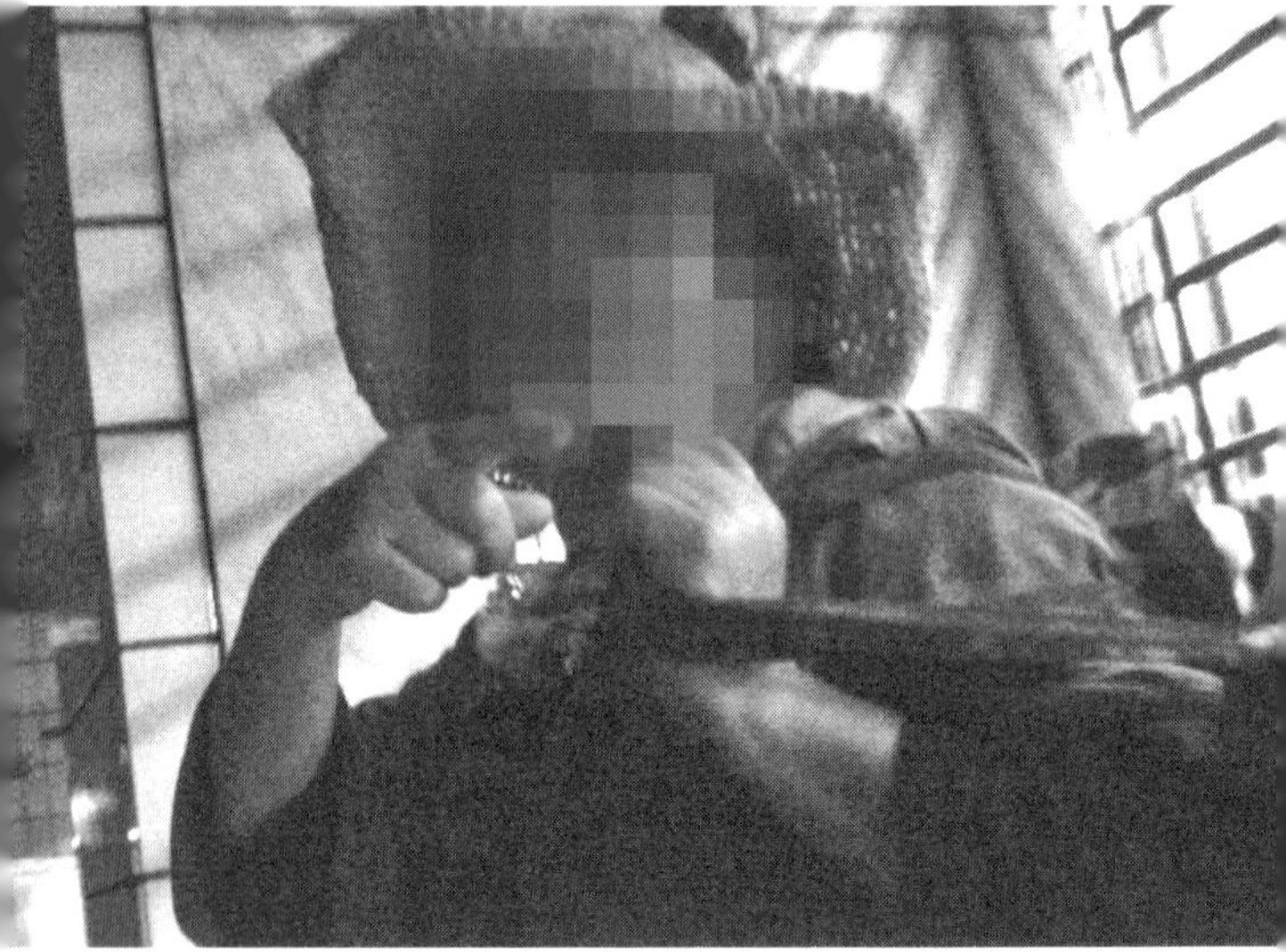

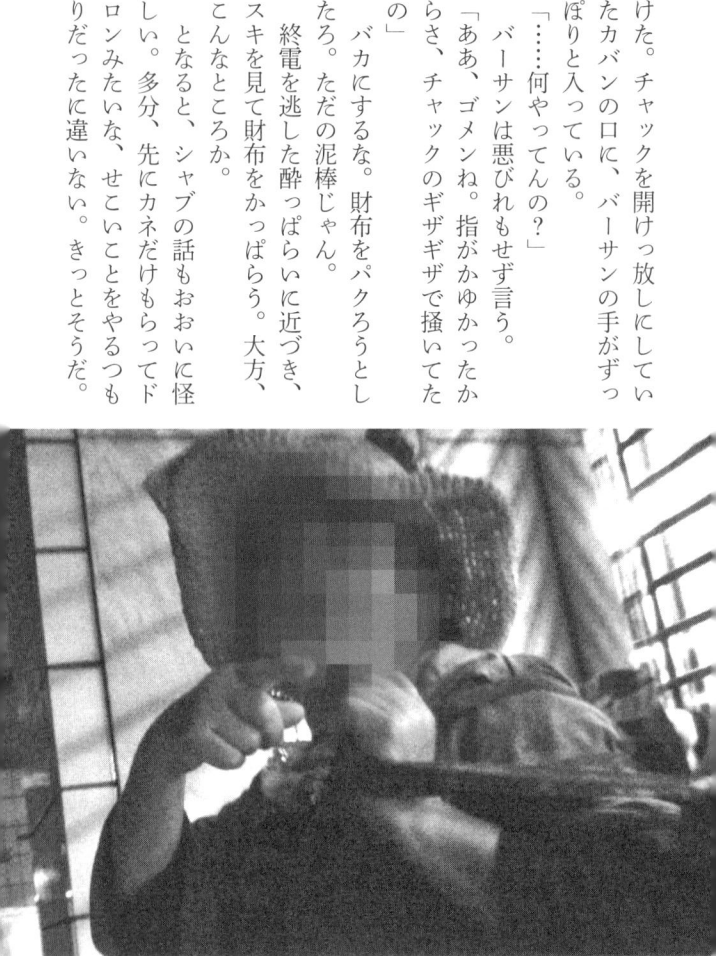

が、ここはバーサンの言い訳を信じたフリをして、泳がせてみるとしよう。手口がわかった以上、むざむざ財布を抜かれる心配はないのだし。

「なんだ、指を掻いてたのか」

「そう、ごめんね。それでオニーチャンは結婚してるの？　私はね、むかし許嫁が…」

トークを聞きながらわざと視線をヨソに向けてやると、またカバンをゴソゴソ触られる感覚が。すかさず見れば、バーサンの手先がカバンの口にかかっている。たいしたもんだよ。一度バレてるのにまた挑戦してくるとは。

「それ、何してんの？」

「ふふ、ごめんね、また指がかゆくて」

まったく、たいしたもんだ。

★

東の横綱、川崎。その名に違わぬなかなかの強者ぶりを、わずか半日で感じさせてくれた。

さあ、次の横綱はどこの町だ？

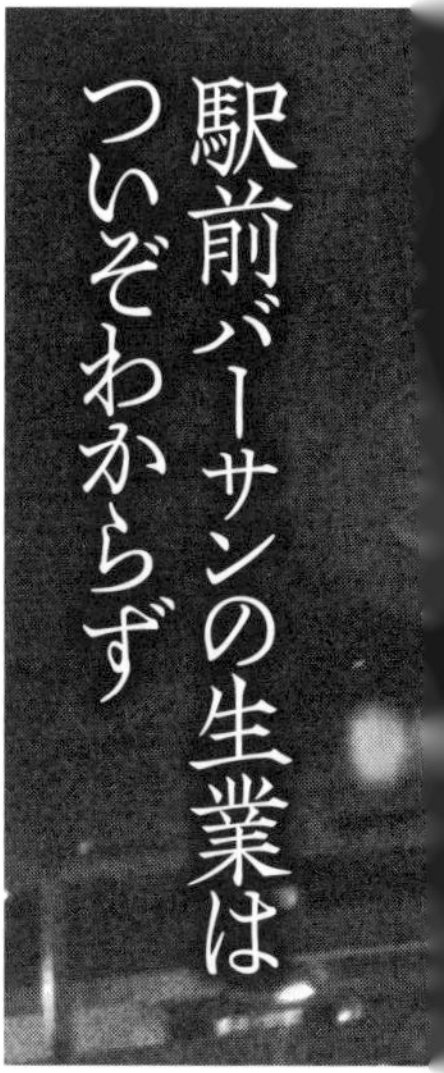

エリアを歩く

リポート｜藤塚卓実｜本誌副編集長

「裏モノJAPAN」2016年8月号掲載

本当に危険な町なのか？

昔から東京の足立区は、23区内でもっとも治安の悪い土地と言われている。

この手の話題になると、歌舞伎町や渋谷センター街といった繁華街も必ずその名は挙がるが、そういった特定の街ではなく、区全域で治安の悪さを指摘されるのは足立区だけだ。

生活保護受給者の比率が23区でトップだの、所得水準が低いだの、それを裏付けるようなデータも一応はある。

が、それ以上に足立区＝アブナイとのイメージを植え付けているのは、たびたびこの地で発生する有名事件のせいだろう。

足立区やんちゃ

綾瀬の女子高生コンクリ詰め殺人事件しかり、足立区首なし殺人事件しかり。２０１６年５月には、小４男児が同級生を殴り殺すという、トンデモ事件まで起きている。暴走族がらみやひったくりの報道が多いのもまた、この地域の特徴だ。
　さて、足立区のナマの空気とはどんなものなのだろう。

荒川の向こう側に行ってみな

　２０１６年６月某日、午前。足立区最大の繁華街、北千住にやってきた。駅を出たすぐのところに、昭和チックな古い飲み屋が点在し、それらの軒先で、顔を赤らめたオッサンどもが黙々と杯を傾けている。いかにも〝らしい〟光景だ。

　まずは情報収集といこう。適当な店に入り、数人で談笑中のオッサン客に話しかけてみる。

「ちょっとお聞きしたいことがあって。足立区ってよく治安が悪いっていうじゃないですか」

「へえ、そうなの？」

　オッサンがとぼけた顔を向ける。

「でもまあ、言われてみれば確かにそうかもねえ。昔からやんちゃなヤツが多いから」

「北千住だと、どの辺りにそういう雰囲気ありますかね」

「北千住？　ここは全然そんなのないって、オニーチャン。近ごろは開発が進んで、すっかり小ぎれいになっちゃったから」

　そう、実は俺も来てみてつくづく感じたことだが、この北千住、意外と都会的なのだ。オッサンやジーサンが昼間から酒をあおる光景がある一方、おしゃれなカフェやレストランもあちこちにあり、今どきファッションのアカ抜けた若者やパリッとしたサラリーマンも大勢目につくのだ。少なくとも、駅周辺にキナ臭い雰囲気は感じられない。

　隣にいた別のオヤジが口を開く。

「北千住なんか俺に言わせれば足立区の中の世田谷だよ。荒川の向こう側に行ってみな。また雰囲気がガラッと変わるから」

　荒川は足立区南部を横断する大きな河川で、それを超えた北側には、昔ながらの足立区の面影がまだ色濃く残っているという。

「やんちゃなところに行きたいなら、綾瀬とか竹の塚とか西新井とか、あとは南花畑とか、その辺がいいんじゃないの？　俺の知り合いで竹の塚に住んでるやつがいるんだけどさ、なんか昨日会ったときも変なこと言ってたよ」

その友人曰く、つい最近、路上に停めてあった自転車のサドルが大量に紛失する、ちょっとした事件があったらしい。

「多分、ガキのイタズラだろうけど、あのへんは大人でもタチの悪いのがウロチョロしてっから、何とも言えないな。とにかく、荒川を越えてみればわかるよ」

もしや、おれにどけと？

オッサンのアドバイスを受け、まずは綾瀬に移動した。駅前はうら寂れた商業ビルが建ち並び、ちょっと陰気な印象だ。

町へ繰り出してみて、気になることがいくつかあった。

ひとつは女性の喫煙者の多さだ。町中で喫煙所を見つけるたびに一服しにいったのだが、そこに居合わせるスモーカーの8割が、必ず50代の派手なオバハンたちで占められているのだ。どういうことだ？　こんなの、都心ではまず見かけない光景なんだけど。

品のないオッサンたちも至るところで目についた。道沿いのベンチで缶ビールを飲んだり、歩きタバコしたりなんてのはザラ。なかには禁煙マークの目の前でチェーンスモーキングしながら、競馬談義に花を咲かせるオヤジまでいたりして、マナーもへったくれもありゃしない。

そして、これはやはりというべきか、ヤカラちっくな若者とも頻繁に遭遇した。ヤンキー系もいればオラオラ系もありーのと、あまりにもベタすぎて、かえって笑えてくる。

そうこうするうち、町の風景は商店街から住宅街に変わっていた。目の前には信号のない横断歩道があり、何気なくそこを渡っていたら、ムカッとする出来事が。

パンパーン！

左手からやってきた軽自動車がけたたましくクラクションを鳴らしてきたのだ。運転手は20代とおぼしき若い女で、何やらイライラした様子でこっちを見ている。え？　もしや、おれにどけと？　ここって歩行者優先だよね？

追われるように横断歩道を渡りきると、そのままクルマはマフラーから重低音を出して走り去っていった。くそ、なんて横柄な！

呆れ果てながら、たまたまそばにいたオッサンに話しかける。

「なんすか、アレ。ちょっとヒドくないですか？」

しかし、オッサンの顔はなぜかポカーンだ。

「なんで？　アンタがトロトロ歩いてっからじゃねえの？」

なるほど、そう来るのか。何となく足立区の民度ってやつが摑めてきたぞ。

「汚いオジサーンあっち行ってよ～」

午後3時。電車を乗り継ぎ、次なる町、西新井へ。

駅を降りて眺めた景色は、どこにでもある東京郊外のソレと大差はない。駅前には飲食店エリアの他に大型ショッピングモールもあり、あちこちで幸せそうな家族連れを見かけ

平日昼間から
青空飲酒する人々

児童公園では ホームレスと ガキの戦争が

る点は、むしろ平和的ですらある。

しかし駅前をどんどん離れ、込み入った住宅街の中に入っていくと、そんな印象は一気に消え失せてしまった。

今にも倒壊しそうなアバラ家がたびたび出現し、そのせいか町全体が昭和の時代にタイムスリップしたかのような雰囲気を醸しだしているのだ。

「コラ、やめろ！」

ふいに、通りかかった公園から怒声が聞こえてきた。何事かと視線を向ければ、園内のベンチのところで、小汚いジーサンが落ち着きなく立ったり座ったりを繰り返している。周囲に大きなゴミ袋や台車を置いてるあたり、ホームレスのようだ。

「どうかしたんですか？」

「いやぁ、あのガキどもがさ…」

ジーサンが遠くにいる子供2人を指さした。背格好からして小1か小2くらいだろうか。2人はこちらを見ながら、何やらゲラゲラと笑い合っている。

「アイツら、風船を投げつけてきやがって…」

「風船？」

見ればジーサンの台車の一部が水のようなもので濡れており、地面には色のついたゴム破片が。そうか、あのガキどもが、ジーサンに水風船を投げつけたってのか。

分別のない子供のことだ。あまり目くじらを立てるのもどうかとは思うが、よりにもよってホームレスを狙うところが悪質というか、末恐ろしいというか。これも足立クオリティってか。

子供たちはまだふざけ足りない様子で、慎重に距離を保ちつつ、ジーサンを挑発してくる。

「オジサーン、何でゴミなんか持ってるの？」

「汚いオジサーン、変なニオイするからあっち行ってよ〜」

うなだれるジーサンを見て決心した。よし、ここはひとつ、おれがガツンと叱ってやろう。

と、そこで思わぬ事態が。ジーサンがおもむろに腰をひねり、手に持っていたゴルフボール大の石をガキどもに投げつけたのだ。腕がブンと唸るほどの全力で。

しかし、力みすぎて手元が狂ったのか、石はガキどものだいぶ手前でドスンと落ちた。

ジーサンが目をむいて絶叫する。

「オマエら、首へし折ってやろうか！　あっち行け！　あっち行けよバカ！」
ガキも酷いが、このジーサンもたいがいですな。

「邪魔だよ、ババア。コラ、どけよ」

公園を後にして、さらに町の奥へと進むことしばし、こじんまりとした商店街にたどり着いた。景気が悪いのか、1軒おきに店舗が閉鎖されている案配で、とてつもなく活気がない。

喫茶店でもないものかと周辺をウロチョロしだした矢先、前方におかしな人物が歩いていることに気づいた。

「邪魔だよ、ババア。コラ、どけよ」

派手なシャツを着た男が、すれちがうオバサンたちに悪態をついているのだ。狭い歩道のド真ん中を、自分がノシノシ歩いてるにもかかわらず。

ガラ悪いなぁ。今どきこんなわかりやすいキャラ、Vシネマにだって出てないぞ。

さりげなく追い抜かして顔を確認したところ、サングラスにニット帽とそれなりにいかつい格好をしているが、よく見れば60過ぎのジーサンではないか。

多少、恐怖心が和らいだので、思い切って話しかけてみることに。

「こんにちは」

ジーサンがピタッと足を止めた。

「なんか怒ってらっしゃいました？　どうしたんですか？」

「え、なに？」

「いや、何か怒ってましたよね」

「いや、ぜんぜん」

おらおらオヤジは
女と老人にだけ強いそうな

ジーサンは何の話だといわんばかりにキョトンとしている。変だな。たしかに人を罵っていたハズだけど…。

ジーサンが去ったあと、すぐそばの商店から、店主らしきオバチャンが顔をしかめて出てきた。

「変な人でしょ？　大っ嫌い」

口ぶりからして事情を知っているようだ。何なんです、あのジーサン。

「いつもああやって威張りちらしてんのよ。女の人と年寄りにだけ」

あのジーサン、生まれも育ちもこの地域の人間で、昔は相当なやんちゃ者だったらしい。で、先ほどおれが見たように、住人を町中で無用に威嚇していたのだが、ある日、罵倒した男性にこっぴどく痛手を負わされてからというもの、自分より若い男を挑発するのをいっさい止めたのだという。

「でも女の人には相変わらずああいう態度なの。本当、みんなから嫌われてるのよ」

すごい。すがすがしくなるほどの小悪党だ！

こんな夜中に誰が花火を？

次なる目的地、竹の塚にやってきたころには、午後8時を回っていた。すっかり日の沈んだ駅前は家路につくサラリーマンや中高生がぞろぞろと歩いている。

この竹の塚というエリアは足立区の中でも特にファンキーな土地とのことだが、その理由は町中を歩いてすぐ見当がついた。

やたらと団地が多いのだ。一つ団地を見つけても、１００メートルも歩けばまた別の団地が出現し、また１００メートル進めば…と、とにかく至るところに巨大な団地群が点在している。悪ガキや不良少年が大量生産されるには理想的環境と言えるだろう。

とはいえ、その後の3時間は、これといったシーンになかなか遭遇できなかった。いつのまにやらシトシトと雨が降り始めたせいで、外を出歩く人が

激減したのだ。

それでもめげずに探索を続けていた矢先、突然、遠くの方で物騒な物音が。

ヒュ――――、パンッ！

この派手な音。間違いなくロケット花火の音だ。しかし、こんな夜中に誰が花火を？　首をかしげているとまた、

ヒュ――――、パンッ！

花火音は、少し離れた団地の方から聞こえてきた。とりあえず行ってみるか。

団地裏手の生活道路には1台のタクシーが停まっており、中年の運チャンが何やらあたりをキョロキョロしている。

深夜に花火が飛んでくる団地とは珍しい

「あの、何かあったんですか？」

「いやー、いきなり花火を打ち込まれて、頭に来ちゃってさ」

この場所で乗客を降ろしてから、車内で帳面をつけていたところ、突然、ロケット花火がクルマめがけて飛んできたそうな。幸い、花火はクルマには当たらず、傷つくことはなかったものの、運チャンは悪質なイタズラだと憤る。

「たぶんこの団地からなんだよな。クルマの外に出たとき、敷地のどっかから何人かの笑い声が聞こえたから。くそ、腹立つな〜」

「…たい、…たい死にたい…」

深夜0時過ぎ。一段と雨足が激しくなってきた。通りという通りはシーンと静まり、スナックで飲み終えた酔っぱらい客以外に、人影はほとんど見あたらない。

とある住宅街の一角を歩いていたとき、ジュース自販機にもたれかかり、傘もささず、スマホをいじっているニーチャン（20代半ばくらい）に遭遇した。見るからに不良っぽい雰囲気ではあるが、特別、何かしてるわけでもないのでそのままやり過ごす。

およそ1時間後、界隈をぐるっと一周してきたら、自販機ニーチャンが、同じ場所で同じ姿勢のまま、いまだスマホとにらめっこしていた。何なんだ、この人。

足を止め、あらためて男を観察する。自販機の明かりに照らされたその顔は雨でずぶ濡れになっており、目の下には濃いクマが。ひどくくたびれた印象だ。

男と目が合った。

気まずさに耐えられず話しかける。

「あ、こんばんは」

「……」

「あの、傘ないんですか？　さっきからずっとここにいますよね？　風邪ひいちゃいますよ」

「……」

男は声を発しない。ただ、大きく見開いた目でこちらを見つめ、口をパクパクさせている。いや、よく聞いたらかすかに何かささやいているぞ。ナニナニ？

「…たい、…たい、死にたい…」

聞き取れた瞬間、背筋に冷たいものが走った。なんだよ、コイツ。ヤク中か？　不気味すぎるのでもう退散！

「テメェ、殺すぞ！」「か、勘弁してください」

竹の塚を離れ、タクシーで最後の目的地、南花畑に向かった。

この町は延々と住宅街が広がっているだけで、小さな繁華街すらないエリアだが、夜な夜な、界隈の不良少年たちが徘徊し、悪さをしでかしているとのウワサがある。

しかし時刻はすでに深夜2時を回っている。おまけにこの空模様ではさすがに何も起きないかも……。

歩けど歩けど目の前には寝静まりかえった家並みが続くばかりで、人はおろか走っているクルマすら1台も見かけない。町は完全な静寂に……ん、何だアレは？

角を曲がった先に見えたマンション。その1階にあるガレージの周囲に、数人の人だかりが出来ている。近づくと、不穏な怒声と悲鳴、そして人間の体を殴打する鈍い音が交互に聞こえてきた。

「オラァ！　オラァ！」

ドス、バキ！

「うぅぅ、ううっ！」

「わかってんのかよ、ああっ!?」

ドゴ、ドガ！

「わ、わかってます」

ガン！

「ううっ！」

異音の聞こえる
ガレージ前には
見張り役の方々が

奥で誰かがを暴行を受けているのは間違いない。しかしガレージの入り口付近にはいかにもそのスジの人っぽい男たちが数人、見張り番のように立っており、それが壁となって、なかの様子が確認できない。

その間もバイオレンスな音が耳に飛び込んでくる。

「マジでテメェ、殺すぞ！」

ドゴドゴドゴ！

「ううっ！　か、勘弁してください。勘弁してくださーい！」

な、なんだこりゃ。

もう少し様子を伺いたかったのだが、見張り番のひとりとバッチリ目が合ったため、いったんは素通りすることに。

そして、また素知らぬ顔でUターンをしたところで、見張り役が声をかけてきた。

「どうしたの？　このマンションの人？」

「え、いえ。人の声が聞こえたような気がしたので…。何かあったんですか？」

男がニコニコと不気味に笑う。

「ん？　別になんでもないよ。用がないなら来ない方がいいと思うけど」

「あ、はい。すいません」

素直にきびすを返した。背後では、打撲音と悲鳴がいまだ続いていていた。

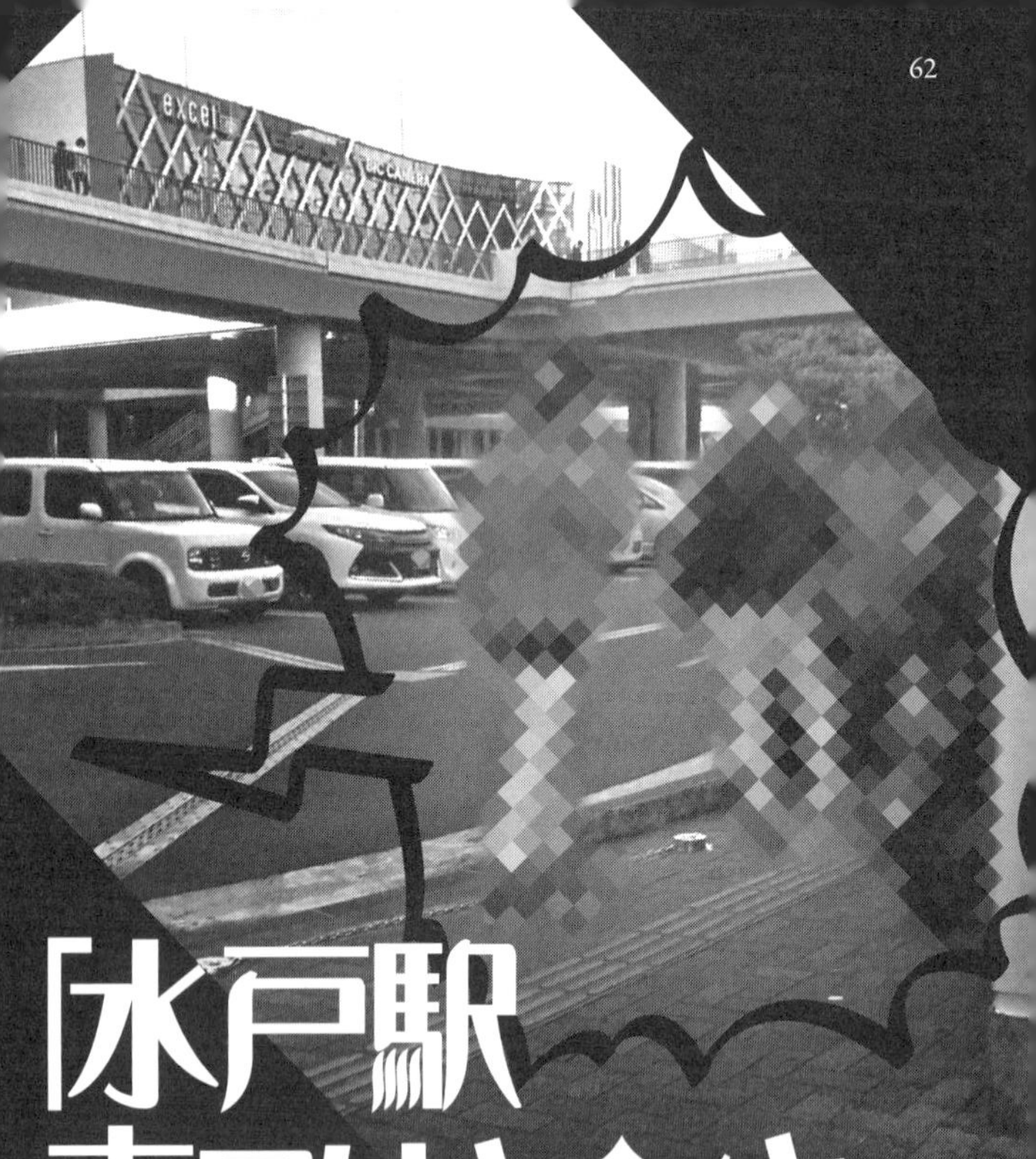

「水戸駅南口はヤンキーだら〜け説」を追う

リポート｜藤塚卓実｜本誌副編集長　　「裏モノJAPAN」2017年7月号掲載

北関東にはヤンキーが数多く生息していると、ちょいちょい耳にする。

その中でも目立つのは茨城のパワーだ。大手口コミサイトが行った「ヤンキーが多そうな県は？」なるアンケートでも（回答者数3千人以上）、茨城は北関東大会をあっさり制したどころか、神奈川、大阪、福岡など甲子園レベルの強敵をおさえて獲得票数1位に輝き、のみならず、同アンケートの自県投票率でも1位を獲得している。

つまり、茨城県民自身も「うちらの地元ってヤンキー多いよな」と強く自覚しているわけだ。

さて、そんな日本一のヤンキー県・茨城について、不穏なウワサをキャッチした。

JR水戸駅の南口一帯にヤンキーが多数出没し、それによって傷害やカツアゲといった事件が多発しているというのだ。

もちろんヤンキー同士でモメるだけなら勝手にどうぞってな話だ。が、聞くところによれば、ヤツらは一般人に対しても好戦的で、単に視線が合っただけでも「おめぇ、いま俺の目ぇ見たっぺな？　殴っぞ？」とうれしそうに因縁をつけてくるんだとか。チョー怖ぇ〜〜。

ちょっくら現場に行って、水戸ヤンキーの凶暴さをこの身で確認して参ります！

夕方になったらいっぱい出てくると思います

２０１７年5月の週末、昼。水戸駅にやってきた。

問題の南口は地上3階の高さに位置し、そのままだだっ広い広場に直結している。そして広場の真下はバスやタクシーのロータリーになっており、周辺にはいくつかの商業ビルやシティホテルが。意外にも都会的な雰囲気が漂っている。

まず探索をはじめた広場には、大勢の人々が植え込みやベンチに腰かけてくつろいでいた。友だちと談笑する若者たち、昼間から缶チューハイを引っかけるオッサン。向こうの方ではストリートミュージシャンが演奏をしているようで、年若い女のコたちの人だかりもできている。

しかし肝心のヤンキーの姿はどこを探しても見当たらない。はて、おかしいな。

目の前を通りかかった中学生の一団に聞いてみる。

「この辺ってヤンキーが多いって聞いたんだけど、そういう人たちってどこにいるの？」

素朴なたたずまいの少年が答えてくれた。

「ヤンキーはこの辺でしょっちゅう見ますよ。でも、まだ時間が早いんじゃないですか？　夕方になったらいっぱい出てくると思いますけど」

ふむふむ、なるほど。

とそこで、今度は別の男子が思い出したように口を開く。

「そういえばさっき、近くの駐車場にガラの悪い人たちがタマってましたよ」

「その駐車場って？」

「そこの階段から地上に降りてすぐのところです」

教えられた場所に足を運んだ途端、緊張が走った。いかにもヤンチャそうな雰囲気の4人組が、1台のワゴン車の前で立ち話しているのだ。歳のころは全員20代前半ってところか。…ごくり。

「こいつ、一度キレたら止まんねえから」

話を進める前に、少し確認を。

まず今日のおれの服装についてだが、これはジーパンに無地のポロシャツという至ってノーマルなものだ。つまりヤンキーを刺激するような要素はどこにもない。

問題は、連中とどのレベルで「目を合わせる」かだ。

モロにガンを飛ばせばカラまれるのは当たり前すぎるし、かといって一瞬チラ見する程度じゃ、さすがに向こうも気づきようがない。

なのでこうすることにした。

相手と目が合ったら、そのまま5秒ほど視線をそらさない。ただし、その間はポーカーフェイスに徹し、決して挑発するような目つきはしない。

ま、フツーに考えれば、このレベルですらイチャモンをつけられるとは考えにくいが、水戸ヤンキーがウワサどおりに好戦的なら、何らかの反応を示すハズだ。

例の4人組から少し距離を置いたところでスマホをいじること数分、ついに連中のひとりと目が合った。遠目からでも眉毛の剃り跡が青々しい、腰パンの男だ。

内心ビビりまくりながらも、5秒カウントを始める。1、2…。

相手の表情が急に険しくなったのは、わずか3秒後のことだ。

「おいコラ！　おめえ、なぁに見てんだぁ？」

キレるの早っ！　ずかずかと近づいてきた腰パンは、30センチほど手前でピタッと止まり、そのままの勢いで肩のあたりをドンと小突いてきた。イテッ！

「おい、なんだあ？　用があんなら言ってみろ」

ガン！　また肩を殴られた。

「痛たた。…いや、知ってる人かなと思ったので…」

「ふうん、で？」

「いや、だから、すいません」

謝った直後、今度は顔にパシッと平手打ちが。腰パンが首を傾げてすごむ。

「…で？」

絶望的な気分になった。これ、完全にボコられる展開じゃん…。だが、最悪の事態はかろうじて避けられた。後からやってきた残りの3人がムリヤリ引き離してくれたのだ。

「おい、やめとけって」

腰パン野郎をなだめつつ、連中のひとりが顔を向ける。

「こいつ、一度キレたら止まんねえから、今のうちどっか行ったほうがいいっぺな」

ぺこりと頭を下げたおれは、半泣きでその場を後にした。

「なんでえ、腰抜けかよぉ」

のっけから手ひどい洗礼を受けて心が折れかけたが、取材は始まったばかりだ。無理や

りでもテンションを上げていかねば。

南口の商業ビル内で大きなゲームセンターを見つけた。ゲーセンといえば、むかしは不良がしょっちゅうタムロしていたものだ。いまはどうだろう。

期待に反し、店内はいかにもゲーム好きっぽいオタクでひしめき合っていた。が、一服しようと喫煙所へ向かったとき、見るからに香ばしい人物が。

グレーのジャケットに白いTシャツ、金時計にセカンドバッグという、ヤミ金ニーチャン風情の若い男がスパスパとタバコをふかしているではないか。そして時折、無意味に周囲を威嚇するあの険しい目つき。まさにザ・ヤンキーだ。

ふとヤミ金クンがこっちを見た。目をパチクリさせつつ、5秒カウントを始めたところ、ヤツがゆっくりとこちらに歩きだす。き、来た…。

ただ、その表情を見る限り、さほどに怒っている様子は感じられない。意外と「人の顔をジロジロ見ちゃだめですよ」と注意されるだけだったりして。そんなワケはなかった。無言のままグイッと胸倉をつかむと、もの凄い力でおれの体を壁際に押し込んできたのだ。とっ

さに言葉がもれた。

「な、なにするんですか」

ヤミ金男がジロリと睨む。

「は？　おめえがケンカ売ってきたんだろ。だからこうなってるんでねえの？」

胸倉をつかむ手にいっそう力がこもり、首が絞めつけられる。ゲホ、苦しい…。

「あの、ケンカなんて売ってません。止めてください」

「ウソこけ。ジロジロ見てたろ」

「い、いえ、そんなつもりはなかったんです。信じてくださいよ」

フッと男の力がゆるんだ。

「なんでえ、腰抜けかよぉ」

軽蔑の笑みを浮かべてヤミ金男は立ち去った。そしてその場にへたり込んだおれに降り注ぐのは、騒動に気づいた客の好奇の視線だ。ああ、めっちゃ恥ずかしい…。


「ガンたれだっぺ！　ぶちまわすど」


いまだ心臓のドキドキが鳴りやまないまま、南口広場へ。

時刻は午後3時。夕方というには少し早く、ヤンキーらしき人影はまだ見えない。

仕方なく植え込みに座ってボーっとしていたところ、隣りのオッサンが話しかけてきた。

「アレ、あんた、さっき駐車場で若い連中に絡まれてたっぺ？　大丈夫だったかい？」

なんとこのオッサン、おれが腰パン野郎にビンタされている場面を目撃していたらしい。

「えーひどいな。見てたんなら助けてくださいよ」

冗談めかしく非難すると、オッサンは笑って首を振った。

「いやいやムリだってぇ。ここらの不良は本当におっかねえもん。暴走族なんかもしょっちゅう駅前で暴れてっからよぉ」

オッサンの話を聞きながら何気なく地上のロータリーを見下ろしていると、2人組の若者が目にとまった。何だアイツら。ガニ股で歩きながら、すれ違う人をいちいち睨みつけているぞ。

服装こそジージャンにキャップ、タイトパンツと今っぽい感じながら、醸し出す雰囲気や態度は間違いなくヤンキーのソレだ。

2人組は、ロータリー脇に停められた改造バイクのところで足を止め、ひとりはバイクにまたがり、もうひとりはその場でウンコ座

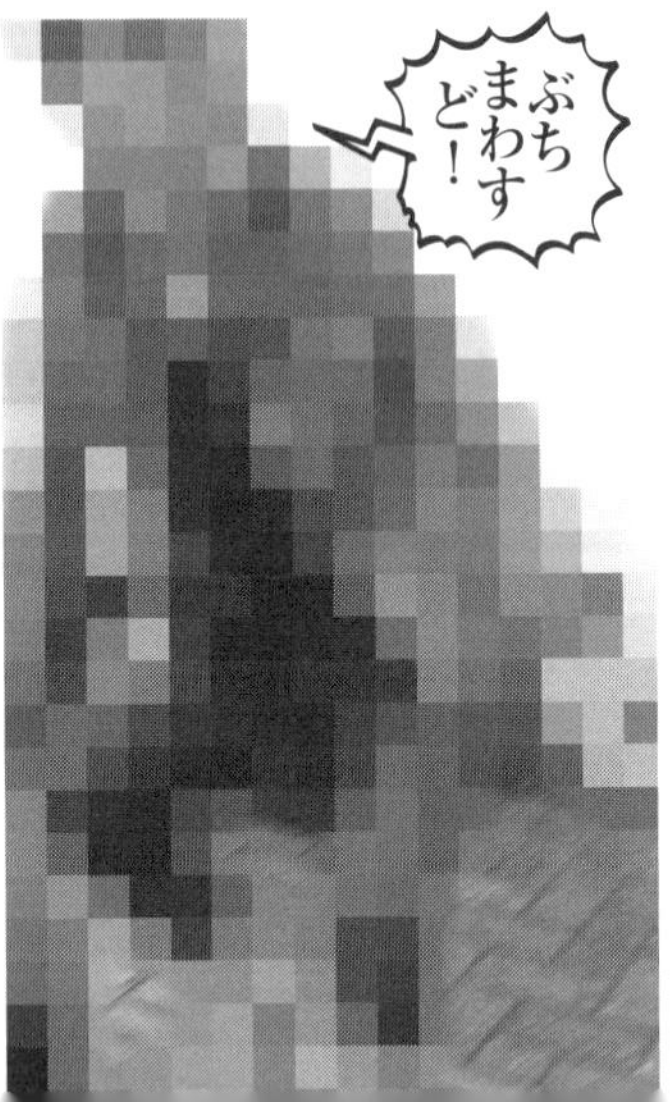

りして談笑を始めた。さっそく、ヤツらの元へ。例によって少し距離を取って、さりげな～く視線を投げかける。

やがて、ウンコ座りの男と目が合った。ギン！　と音が聞こえそうなほど鋭い視線が突き刺さってくる。どえらい迫力だ。直後、甲高い声が飛んだ。

「オメー！」

恐ろしい形相で立ち上がったかと思うと、ウンコ座り男がまっしぐらに突進してきた。胸倉をつかまれるなり、パーンと平手が飛んでくる。さらに間髪入れず2発目が。パチーン！

「ちょ、ちょ、すいません！」

「なぁにがすいませんだぁ！　いま完全にガンたれだっぺ！　ぶちまわすど、このーっ！」

なんであれだけのことで、こんなにボルテージを上げられるんだ。狂犬かよ！

「だから違うんです。知り合いかなと思って見てただ…うがっ」

しゃべってる途中で体に衝撃が。いつのまにか背後に回っていたもうひとりの男に背中を飛び蹴りされたのだ。ヤバい。マジでこいつらヤバすぎる…。

リアルに身の危険を感じたおれは、もう一度、深々と頭をさげて謝罪した。

「本当に勘違いなんです。どうもすいませんでした！」

「うっとうしいんだ、おめーは！　はやくどっかけえれ！」

そう言ってバイクにまたがると、男たちは爆音をとどろかせて去っていった。

吸いかけのタバコが飛んでくる

いったん喫茶店に入った。温かいコーヒーを飲むにつれ、水戸ヤンキーの恐ろしさに打ちひしがれていた心が、じんわり回復していく。ふう〜。

元気が戻ったところで、ふたたび南口広場へ。だだっ広いコンクリの地面に立ち、あたりを見回した瞬間、心臓がキュッと締め付けられる感覚におちいった。

いつのまにか、複数のヤンキーらしきグループが、広場のあちらこちらに点在しているではないか。うーむ、とうとう出て来やがったか…。

まずは、ここから一番近いところでくっちゃべってる2人組に接近してみよう。長い襟足を緑色に染めたヤセ男と、レスラー体型のコンビだ。例によってそばまで近づき、ヤセ男と視線を合わせる。5秒カウント開始だ。1、2、3…。すぐに反応があった。

「おめ、ナニ見てんだぁ?」

吸いかけのタバコがヒュンと飛んでくる。うわ、あぶねえ！　レスラー体型を引き連れ、ヤセ男が近づいてきた。

「なんか用か?」

「いえ別にないです…」

「用もねえのにジロジロ見るな。わかったか！」

「はい！」

反射的に体がこわばった。今までの流れからして、ここで手か足が飛んでくると思ったからだ。

しかし、2人組はすでに背を向けて歩き出している。あれ？　もう済んだの？　ノー暴力？　へえ、こういうパターンもあるのか…。

割とガチに頭を蹴られたっぽい

お次は、ロータリーの隅っこでウンコ座りしている3人組だ。

適当な距離をとってチラチラ視線を投げかけていると、連中のひとり、黒のツナギを着たニーチャンがこちらに気づいた。こちらが目をそらさないのが気に入らないのだろう、眉間にがっつりシワを刻んでいる。

立ち上がったツナギ君がゆっくり歩いてきた。ヤツにうながされ、他2名もあとに続く。

連中はおれを取り囲むようにして立ち並び、強烈な殺気を放ってくる。何も言葉を発し

ないのがかえって不気味だ。たまらず口火を切った。

「あ、あのう…何か？」

「何か？　じゃねえよ。ガンたれといてとぼけんのか？」

念のために言っておくが、こちらはガンをつけるとか、そういう攻撃的な行動はいっさい取ってない。ただ無表情で5秒間、こいつと目を合わせていただけだ。なのに、なにゆえ曲解するかね。

「い、いや、ガンなんてつけるワケありませんよ。知ってる人かな〜って思っただけですって」

ドン！　ツナギ野郎がおれの肩に手をかけ、ひざげりを腹に入れてきた。思わず体がくの字に曲がる。ぐふっ。き、効くぅ〜。

「ちょ、ちょっと、暴力は…」

「うるせーバカ」

首にタオルを巻いたニーチャンに足をかけられ、地面に転がされた。直後、頭部に衝撃が走る。この痛みからいって、わりとガチに蹴りを入れられたっぽい。頼む、すこしは加減してくれよ…。

「ヘナチョコのくせにケンカ売るんじゃねえ、バーカ」

3人が立ち去ってからよろよろと立ち上がると、見知らぬオバサンが駆け寄ってきた。彼女が心配そうに顔をのぞき込む。

「あなた大丈夫？　ホントにヒドイことするねえ」

「あ、どうも、ありがとうございます。ぜんぜん大丈夫ですよ」

そう言いつつも内心、思った。そのうちおれ、死んじゃうかも。


「あれがヤンキーだよ。水戸の恥だね」


喫茶店で本日二度目の休憩をはさんで外へ出ると、日はすっかりと落ちていた。真っ黒な夜空に覆われた南口広場にはオレンジ色の照明がポツンポツンと灯り、その薄暗い明かりが、かえって周囲の光景に不気味な影を落としている。

広場の片隅でひときわ大きな声で騒いでいたのは、長身の2人組だ。どちらもがっつりとアゴヒゲを生やし、かなりイカツイ面構えをしている。

　お決まりの手順で視線を合わせてみた結果、案の定、ヤツらは肩をいからせて近づいてきた。

「え、ナニナニナニ？　ケンカ売ってんの？　ねえ」

　今さらだけど、ホント、この町は気の荒い連中が多いな。

「いや、売ってないですよ」

「ジロジロ見てたろ」

「それは…知り合いかなっと思ったんで」

「あそう。で、あんたどっから来たの？　地元じゃないっしょ？」

ん？　なんか思ってた展開と違ってきたぞ。てか、この2人、えらいフレンドリーだな。

「東京です」

「へえ、東京から。水戸はどう？　田舎っしょ」

「やっぱヤンキーっぽい人が多いですね。オニーサンたちもそうなんでしょ？」

「はは、俺らは違うし。まあ、ケンカは好きだけどね」

そういう人種を世間ではヤンキーと呼ぶのだが。

フォンフォフォフォン、フォンフォフォフォフォン！

ふいにロータリー前の国道が騒がしくなった。3人の男たちがノーヘルで2台の改造バイクに分乗し、蛇行運転しているのだ。

やがて男たちはロータリーの空きスペースにバイクを停め、徒歩で駅構内へ。

アゴヒゲコンビが連中を指さす。

「あれあれ、ああいうのがヤンキーだよ。水戸の恥だね」

気になる。追っかけてみよう。


「ナニするんですか？」「殴る」


3人の男たちは、駅の改札から出てきた仲間らしき男と合流したあと、南口広場に出た。

うーん、計4人か。もし全員からボコボコにされたら命はないっぽい。でも、ここは行くしかないんだよな…。

深呼吸をして連中のそばに立った。こちらのチラチラ視線作戦に乗ってきたのはパーカーのフードをすっぽりかぶったニーチャンで、目が合ってからきっちり3秒後、おれに向かってダッシュしてきた。これ以上はない、悪魔のごとき恐ろしい表情を浮かべて。

胸倉をつかまれ、広場の死角に引きずり込まれた。

「あ、あの、ちょっと！　ナニするんですか!?」

「殴る」

「え？」

聞き返した直後、視界に星がいくつも光り、顔面に激痛が走った。ああ、やっぱりヤラれた。しかもいきなりパンチって…。

すぐに体勢を立て直し、パーカーに抱きついた。

「あの、なんか誤解があったならすいません。あやまります。だからちょっと待っ…」

2発目は頬に入った。キーンとしびれる脳ミソ。視界がぐらぐら揺れ、たまらず尻もちをついた。すかさず蹴りをくらわせたようとしたパーカーが、足をテイクバックした瞬間、駆けつけた仲間がヤツを羽交い絞めに。

「おい、もうやめとけって。通報されっぞ」

ニヤニヤ笑いながら、パーカーがおれを見下ろす。

「なあ、あと一発、殴らせて？」

うん、君、絶対、頭イカれてるよ。てか、もう東京に帰っていいっすかね？

★

水戸ヤンキー、恐るべし。二度とおれがかの地を踏むことはないだろう。

全国屈指の凶悪地帯

北九州《キタキュー》をゆく

リポート｜藤塚卓実｜本誌副編集長

「裏モノJAPAN」2018年1月号掲載

日本には治安が悪いとされるエリアがいくつもある。なかでも定番と言われているのが、西成（大阪）、筑豊（福岡）、足立区（東京）、川崎（神奈川）などで、過去にはおれも、それらの地域へ足を運び、そこで起こった出来事をリポートしている。あらためて感想を言うなら、いずれも噂にたがわぬ、実にファンキーな土地柄であった。

そして、本項で取り上げる街もまた、治安の悪さにかけては先の地域に勝るとも劣らないと評判の、ド定番やんちゃエリアだ。

▼地元暴力団の抗争で、あるいは民間人への脅迫で、たびたび手りゅう弾が使用される街
▼民家から軍用ロケットランチャーが発見され、大騒動になった街
▼日本三大残酷殺人事件のひとつが起きた街

他にもヤンキー人口がやたらと多いだの、成人式が沖縄以上に荒れまくるだの、凶暴な気質を表すエピソードにはコト欠かない。

その街の名は北九州市（略してキタキュー）。福岡県北東部に位置する工業地帯の中核都市だ。

さて、ここへ行けば、どんな事態が待ち受けているのだろう。と、鼻息荒くキタキューへ向かおうとしたまさにその前日（２０１７年11月8日）、耳を疑うニュースが。

北九州在住の一般男性が猟銃で飼い犬を撃ち殺し、そのまま自宅マンションに立てこもるという、トンでもない事件が発生したのだ（犯人は同日に自殺）。くう〜、なんかガチでヤバそうな街なんだけど、おれ大丈夫？

ヤクザの息子が学校にピストルを

平日、午前9時。福岡空港からレンタカーを飛ばすこと1時間半、無事に目的のエリアに入った。

北九州市は、もともと5市の合併で出来た街で、それだけに面積がやたらと広い。人口95万人以上を誇る政令都市といえども、中心部の小倉地区から遠く離れた郊外は、山があって田んぼがあってと、フツーに田舎の光景だ。

とりあえずは、昨日発生した猟銃立てこもり事件の現場マンションへ行ってみることに。

事件翌日の現場は拍子抜けするほど静か

ニュースによれば、事件当日は現場から半径200メートルに規制線が張られ、多くの住人が避難したそうだが、事件から一夜明けた現在の状況はどうなってるんだろう。なんか面白いことがあればいいのだが。

途中、何度か道を尋ねながら現場マンションにたどり着いた。昨日今日のことだし、さぞ物々しい雰囲気になってるかと思いきや、周辺には1人の警官も見当たらない。犯人が立てこもっていた7階の部屋の前まで行っても状況は同じだ。人がひとり死んだというのに、こんなに閑散としているものなのか。

マンションを出て住宅街をフラついていると、道に面した倉庫の窓からオッサンが顔を出していた。

「こんにちは。いま立てこもりの現場マンションを見にいってきたんですけど、もう警察、撤収したんですね」

「ああ、昨日はすごい数のパトカーがおったけどね。犯人が自殺したけ、帰りよったんやろ」

「事件、怖くなかったですか？」

「いーや。普通にここで仕事しとったよ」

オッサンは平然としている。

「家からロケットランチャーが出てくるような街やけ、あれくらいどうっちことないちゃ。俺の中学時代も、ヤクザの息子が本物のピストルを学校に持ってきて見せびらかしとったくらいやけ。まあ、その辺は慣れっこやちゃ」

まさかこのオッサンの体験がキタキュー市民の標準とは思わないが、適当に話しかけた一般人の口からさらっとピストル関連の実体験が出てくるあたり、他とのレベルの違いを感じざるを得ない。てか、中学校にピストルって。

現場周辺の散策は続く。次に路上で話しかけたのは白髪の上品そうな老婆だ。

「昨日の事件？　もう大変でしたよ。パトカーと報道の人で道がぐちゃぐちゃになってて。ホント怖い事件だったわよね〜」

何でもこの方、もともとは関東で暮らしていたのだが、最近、この地に住む娘夫婦の家で同居を始めたんだそうな。

「だいたいここらの人ってなんかこう、みんな気が強いのよね。いつもケンカ腰で話し

ピストルを見せびらかす中学生がいたと語るおっちゃん

てる感じっていうか」

「へえ。何だか大変そうですね」

「本当よ。夜寝てると、よく外で男の人が殴り合ってたりする声も聞こえてくるし。だから内心は関東に帰りたいんだけど、娘がどうしてもって言うから、まあ、しょうがないよね」

そう言うと、老婆はお辞儀をしてスタスタと去っていった。

傷だらけの車から泥酔したオッサンが

小倉へ向かう前にもう少し郊外エリアを見て回ろうと、ふたたびハンドルを握った。秋にしてはやや暖かな日差しを浴びながら、車は田舎道を快調に進んでいく。

途中に立ち寄ったコンビニから出るタイミングで、妙な車が目にとまった。ボディ側面が傷だらけになった高級外車が、コンビニ脇の路地へノロノロと入っていったのだ。無意味にブレーキランプを点灯させたり、蛇行したりと、いかにも動きがおかしい。

思わず小走りであとを追うと、車はすぐ先にある空き地のような場所に無造作に停められていた。運転席から出てきたのは、スーツ姿の肥満オヤジだ。

「あの、どうしました？」

「…あ、なにが？」

オッサンがギロリとにらむ。う、酒くせーっ。さては飲酒運転してたな。

「いや、車の動きが変だったんで、体調でも悪いのかなと思いまして。ボディも傷だらけだし」

「あんたに関係ないやん」

「あの、もしかしてお酒飲んでませんか?」

フラフラと歩いていたオッサンがピタっと足を止めた。不機嫌な顔がゆっくりとこちらを向く。

「飲んどらん」

「でも、ニオイますよ。ここに来るとき、車をどこかにコスったんですか?」

「だから飲んどらんちっ!」

その後、オッサンはしきりに「なんや、キサン!　こっち来んな!」を連呼しながら付近の民家に消えていった。ちぇ、なんだよ。面白そうだからもうちょっと話を聞きたかったのに。

酔いが覚めたら
この傷を見て
青ざめることだろう

ダッシュボードに酒の空き缶が散乱

それからしばらくのことだ。とある公民館でトイレを借り、車へ戻ろうとした際、ゴリゴリゴリゴリゴリ！

どこからか、まるで地面を打ち割るような、壮絶な音が聞こえてきた。な、なんだ？音の発生源は次第にこちらに近づいてくる。やがて公民館前の道に、軽のワンボックスがゆっくりと姿を現した。

ナゾの轟音は、そのワンボックスから聞こえてくる。前タイヤをパンクさせたまま無理やり走行しているのだ。すげー。こんなワイルドな光景はじめて見たよ。てか、なんでパンクを放置してんだよ。

また走ってあとを追っかけた。超ノロノロ運転なので、追いつくのはワケもない。

運転席には坊主頭のジーサンが乗っている。並走したまま窓をノックすると車はすぐに止まった。

「ちょっと大丈夫ですか？　パンク？」

ブスッとした顔でジーサンが口を開く。

「どっかの悪ガキがイタズラしよったたっちゃ。おかしいな思うてタイヤ見たら、ぶっとい

釘が刺さっとったっけ」

誰だか知らんが、ひどいことをするもんだ。

と、最初はジーサンに同情的だったものの、よくよく話を聞いてみると、この車がパンクしたのは10日以上も前のことだという。

「え、じゃあ、ずっとこの状態で車を走らせてるんですか?」

「そうや。修理代もったいないいけんな。ワシのせいやないしバカらしいやん。それに家と畑の往復にしか使わんけ、問題ないちゃ」

いや、大問題ですって。

呆れつつもジーサンを見送り、公民館の駐車場に戻る。と、そこで1台の軽自動車から若いカップルが降りてく

交通法規の概念がないようで

るのを見かけた。ともにダルダルのスウェット上下を着たダラしない感じの男女で、歩きながら互いに寄りかかりベタついている。急に胸がザワつきだしたのは、2人がそれぞれ手に缶チューハイを握っていたからだ。え…？

思わず彼らの車に駆け寄り、車内をのぞき込む。腰が砕けそうになった。ダッシュボードに酒の空き缶がいくつも散乱していたのだ。まさかあの2人、飲みながらここまで運転してきたの？

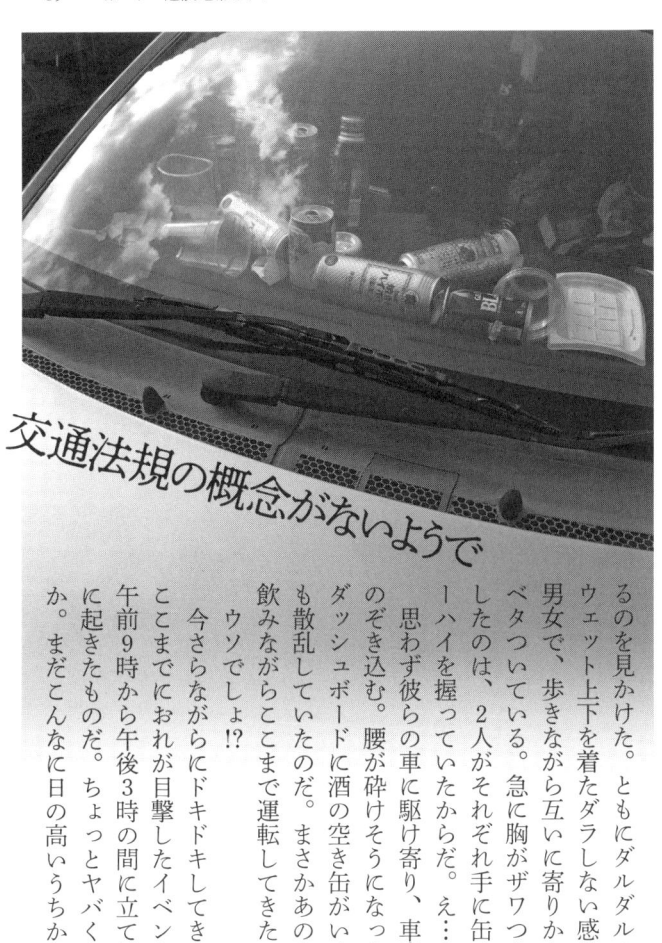

ウソでしょ!?

今さらながらにドキドキしてきた。ここまでにおれが目撃したイベントは午前9時から午後3時の間に立て続けに起きたものだ。ちょっとヤバくないか。まだこんなに日の高いうちから、ムチャクチャなドライバーを3人も目撃するなんて。

すれ違いざまに「どけや!」

午後9時。小倉の宿泊先でしばし休憩を取ったあと、夜の町へ繰り出した。

さすがは福岡県第2の都市の中心部だけある。平日の夜にもかかわらず、通りや商店街は人であふれ、なかなかの活気だ。郊外の田舎町とはずいぶん雰囲気が違う。

しばしあてどなく通りをさまよっているうち、前方に見慣れた看板が姿を現した。ドン・キホーテだ。

夜のドンキがヤンキーのたまり場というのは地方都市の常識と聞く。よし、ちょっくら様子を見てくるか。

案の定だった。敷地をグルッと探索してみたところ、屋外駐車場奥の暗がりに5、6人のやんちゃそうなグループがタムロしていたのだ。

ときどきバカ笑いとともに、ガンッガンッと鈍い金属音が聞こえるのは、ふざけて看板か何かを蹴飛ばしているのだろう。ああいうのに絡まれたらたまったもんじゃない。君子危うきに近寄らずってやつだ。

続いて店舗内へ。こちらにも2、3人単位のヤンキーグループがポツポツと見受けられ

凶暴なキタキューヤンキー

たが、みな手に商品をとって談笑しているだけで、特に身の危険は感じない。ま、かわいいもんだな。

しかし、ここで一気に緊張度のハネ上がる状況が。フロアの奥から、見るからに凶暴そうな3人組が騒々しい声をあげて近づいてきたのだ。やたらと目をギョロつかせているのは、周囲を威嚇するためだろう。

とっさに連中に背を向け、やり過ごすことにした。一瞬でも目が合えば、因縁をつけられるに決まってる。しかし…。

「どけや！」

すれ違いざま、怒声とともに後頭部を思いっきり手で押しのけられた。勢い、前につんのめりそうになるおれ。

恐るべし、キタキューヤンキー。背中を見せて大人しくしてる相手にすら、こんな狼藉を働くなんて。ビビりすぎて、このまましばらく動けそうにない。

[redacted]会の[redacted]組っち、聞きいたことあるやろ

そそくさとドンキを離れ、飲み屋街へ移動した。気分転換するには酒を飲むのが一番だ。適当に入った居酒屋では地元のサラリーマンと意気投合し、大いに痛飲した。キタキュ

ーとてヤカラばかりがのさばっているわけではない。気の良い連中だってたくさんいるのだ。

　店を出たころには、すでに深夜1時を回っていた。あれほど賑わっていた通りも人影は途絶え、すっかり閑散としている。

　ふいに見知らぬ若い男から声をかけられたのは、酔い覚ましをかね、界隈をウロチョロしていたときだ。

「先輩、先輩」

ん？　先輩っておれのことか？アンタなんか知らねえんだけど。

「人違いじゃないですか？」

「またまた〜そんなこと言いよって、冷たいっちゃ」

　よく見れば円を描くように体をふらつかせ、目の焦点も合っていない。相当、酔ってるようだ。

「先輩、俺がオゴるけ、一緒に飲みらんね？」

「いやいや、もうたらふく飲んだし、大丈夫っす」

　強引に突っ切ろうとしたが、上着の袖を引っ張って離さない。もう何なんだよ、面倒くさいな。

「あの、すいません。これからホテル帰るから」

その途端、男の声色が変わった。

「ムカつくわぁ。おまえ、俺が誰か知らんかちゃ？」

あれ、なんかおかしな空気になってきたんですけど…。

「[redacted]会の[redacted]組っち、聞きいたことあるやろ」

もちろん聞いたことなどない。聞いたことはないがたぶん、暴力団の名称だ。……え、てことはこの人ヤクザ？　マジ？

男に襟首をつかまれ、何も言い返せないでいると、急に現れた見知らぬ中年男性が割って入ってきた。

「やめんか、バカタレ！」

しかめっ面の中年男性が男の腕を取り、すぐ近くのバーへ連れ込もうとする。

「あの、その人ってお連れさんなんですか？」

尋ねると、中年男性はペコリと頭を下げた。

「はい、いまこの店で職場の飲み会をしとったんです。したらコイツ、急に店からおらんなるけ、連れ戻しに来たんですわ。すいませんでした、酒癖が悪くて」

まったく悪すぎだよ！　おれの怒りをよそに、偽ヤクザは中年男性に体を支えられ、すやすやと眠っている。

うちの妹小6やのに

疲労困憊の体を引きずるようにして、宿泊先のホテルを目指した。いろんなことがあり過ぎたせいだろう、一気に睡魔が襲ってきて目がショボショボだ。

もうじきホテルに着こうかというタイミングで、ちょっと気になる光景を目の当たりにした。閉店した飲食店の駐車場に停められた1台のパトカー。そのそばで警官が5、6人の若い男女と何やら話をしている。職務質問だろうか。

まもなくパトカーは立ち去り、若者たちがこっちの方へ歩いてくる。いったい何だったんだろう。

「ねえねえ、さっき警察と話してたよね。どうしたの？」

一瞬、互いの顔を見合わせたあとで、リーダー格っぽい少年がはにかみながら口を開く。

「いや、別にたいしたことないです。夜中にウロウロしてたから年齢を聞かれただけで。高校生ですっち答えよったら、はよ帰りなさいっち言うて、すぐ放してくれましたよ」

拍子抜けした。なあんだ、そんなことだったのか。

しかし、納得して歩き出そうとした瞬間、別の少年の口から聞き捨てならないひと言が。

「ははは、でもホントは俺ら14歳やし」

女子からはさらに強烈な一言が飛ぶ。

「ホント、あの警官、相当バカやちゃ。うちの妹、小6やのに完全に騙されとったし」

「そりゃわからんち。こんな背がデカいんやもん」

皆の視線がひときわ大柄な女子に集まり、ドッと爆笑が起きる。そのまま彼らは、呆気に取られたおれを残し、ゆっくりと夜更けの街に消えていった。

0円
まさか小中学生だったとは！

沖縄の新成人に国民のみなさまが言ってやりたいこと、代弁してきます！

リポート｜藤塚卓実｜本誌副編集長

「裏モノJAPAN」2012年3月号掲載

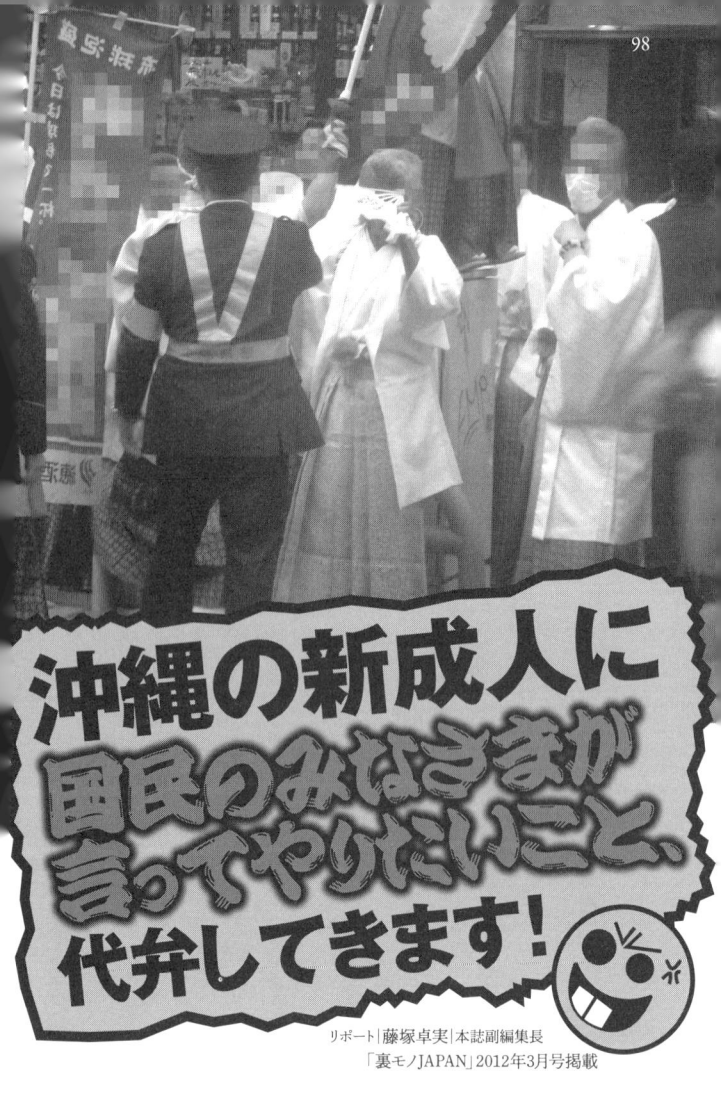

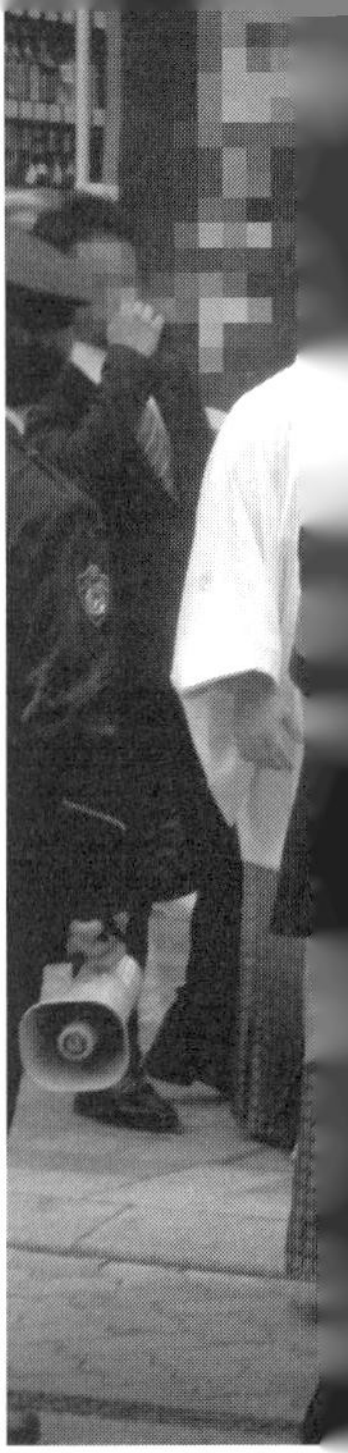

いまや成人式といえば、荒れる若者というイメージがすっかり定着してしまったが、とりわけ毎年のように我々の目をひくのは、沖縄の新成人たちだ。

毒々しいハカマ姿に、はるか昭和の時代からタイムスリップしてきたかのようなヤンキーファッション。連中が暴れ回る様子は、もはや新春の風物詩だ。

あの毎度おなじみのバカ騒ぎがメディアで報道されるにつけ、俺が抱く感情は、おそらく皆さんと同じだと思う。

バカじゃねえの？

周囲に多大な迷惑をかけていることもさることながら、連中の「どうよ、俺らカッコイイだろ」的な態度が、恥ずかしいというか、シャクにさわるというか。

あのね、断っておくけどキミたち全然カッコよくないから。ただの低脳にしか見えないから。

言いたいことは他にも山ほどある。こうなったら実際に沖縄へ乗りこみ、面と向かって言ったる！

言ってやりたいその1

その格好、カッコいいと思ってるんですか？

まずは何といってもコレだろう。本当はもっとストレートに「お前らダサいんじゃ！」と斬り捨ててやりたいところだが、ボコボコにされるのはカンベンなので、あえて控えめな表現に留めておこう。

成人式当日の２０１２年１月８日、午後１時。那覇市に隣接する浦添市へと向かう。中学校単位で小規模な式典が行われる那覇市とちがい、浦添市では大ホールに市内の新成人が一堂に集まる。そのため一般人が彼らと接触するのも比較的カンタンなのだ。

到着した会場周辺は、スーツや振り袖で着飾った若い男女で溢れていた。が、よく目を凝らせばその中に、やはり異様な集団がチラホラとまじっている。

ド派手なハカマにヤンキー的ヘアスタイル。かー、今年も出てきやがったか。

よし、最初のターゲットはあの金髪をおっ立てた男で決まりだ。ちょっと怖そうだけど、行くぜ！

心臓が飛び出しそうなほど緊張しつつ、おずおずと近寄る。

「成人おめでとうございます」

金髪くんが「あ？」とふり返った。ギョロッとした目つきにどえらい迫力がある。

「ちょっとお聞きしたいんだけど、その格好ってカッコいいと思ってるんですか？」

　案の定、カチンときたらしい。金髪くんのマッチ棒のように細い眉毛がぴくぴくっと動いている。

「はあ？　どういう意味？」

「いや、だから、その格好をカッコイイと思ってんのかなって」

　ガンッ。金髪くんが壁にケリを入れた。目が完全にすわっている。

「もしかして俺のことダサイって言いたいの？」

「あ、あるいは、ひょっとしたらなんですけど、ギャグでやってらっしゃるのかとも思っ……」

　ガンッ。壁が壊れそうだ。しつこかったですね。失礼しますです。

言ってやりたいその2
20歳にもなって恥ずかしくないんですか？

　これも国民共通の気持ちだろう。もっとも、当人たちは恥ずかしいと思ってないからこそ、傍若無人の振る舞いをするわけだが、言わずにはいられない台詞だ。

　ターゲットは先ほどの金髪くんとは別のハカマ集団のひとり。やや長めのパンチを当てている。

　深呼吸をしてゆっくりと歩み寄る。

「すいません、ちょっといいですか？」

「なんすか」

　素直に立ち止まるパンチ男。あらためて見ると凶悪な面構えだ。威圧感がハンパないけど、言っちまえ！

「あの、20歳にもなって恥ずかしくないんですか？」

「え、何がっすか？」

「キミのその格好とか行動とか」

　チッ。舌打ちが聞こえた。

「別に恥ずかしいなんて思ってないよ。てか、なんなのアンタ」

「でも、もう成人式を迎えられたんですよね。そういうのってフツーの大人だったら恥ずかしくてしないと思うんですけど」

　いきなり胸ぐらを掴まれ、物陰に引っ張り込まれた。そのままキョーレツな頭突きを顔面にお見まいされる。イテッ！

「なにネチネチ説教してんだよ」

　パシッ。今度は頬に平手打ちが飛ぶ。

「ムカつくんだよ、ボケ」

　2発も入れやがって。ムカつくのはこっちの方じゃ！

　と思ったが、ちょっと冷静になろう。こちらが手を出せばまず間違いなく大事になる。うぬ〜、かくなるうえは…。

「どうもすいませんでした！」

　額が太ももにつくほど体を折り曲げ謝罪したあと、俺は脱兎のごとく逃げた。

言ってやりたいその3

偏差値いくつの学校に通ってましたか？

個人的にどうしても気になる事柄である。こんなバカ騒ぎを起こす連中は、数値的にいかほどの脳タリンなのか。もっとも直球ど真ん中の質問なだけに、相手を激怒させる可能性も大。慎重にコトを運ばねば。

午後3時半。浦添市の会場を後にし、那覇市の繁華街・国際通りへ移動した。毎年、那覇のヤンキー新成人が大集結すると聞いてやってきたのだが…。

現場はすでに上を下への大騒ぎとなっていた。市内各地で催された式典が終わるや、出身中学ごとに統一されたド派手なハカマ姿の集団がつぎつぎと襲来し、怒声をあげてエリア中を練り歩いているのだ。

このヤンキー展覧会のごとき彼らの風貌はどうだろう。金髪のウルフカットに鳥の巣リーゼント、そしてパンチって。族の集会ですか？

覚悟はしていたが、あらためて目の当たりにするとやっぱり怖い。

おっと、もの凄い髪型を見つけてしまった。3色メッシュのリーゼント。今どき不良マンガでも見かけない、化石のようなスタイルだ。そしてこの上なくバカっぽい。

折よく、リーゼント君が周囲を威嚇するようにこちらへ歩いてくる。話しかけてみよう。

「成人おめでとうございます」

「あ、どうも」

リーゼント君が気恥ずかしそうに会釈する。見かけによらず大人しい性格なのかも。

「あの、つかぬことお聞きしますが、偏差値ってどのくらいでした？」

「は、ヘンサチ？」

とっぴな質問にリーゼント君は戸惑っている。

「ほら、高校の偏差値ですよ。学校の学力を示す」

「ああ、はいはい」

そう言ってから、質問の意図に気づいたらしい。質問のリ

ーゼント君の表情がみるみる険しくなっていく。あ、ヤベ…。

いきなり右ストレートが俺の二の腕めがけて飛んできた。アイタッ！

「おまえケンカ売ってんのか、コラ！」

リーゼント野郎の怒声に、前を歩いていた仲間が一斉に集まってきた。もしかしてボコられちゃう？　死ぬの俺？

しかし、凶悪ヅラの男たちに取り押さえられたのは、リーゼントの方だった。

「おい、やめとけやめとけ。パクられるって」

どうやら、すぐ近くに警官がいたようだ。いまのうちに退散！

言ってやりたいその4
なぜハカマという約束事は守るんですか？

ボンタンをはく中学生などにも言えるのだが、彼らはなぜ体制に反抗しているくせに、制服という枠からは外れようとしないのか。結局は、型にはまった「悪」を演じてるだけだからだ。
沖縄の新成人クン、「マトモ」を嫌うなら、海パン姿で成人式に来るくらいはせんと。
打ってつけの相手を見つけた。コンビニ前でタムロってる卍刈りのニイチャンだ。きっと「卍刈りしてる俺って悪いだろ〜」と悦にひたってるに違いない。バカめが。

つかつかと彼に歩み寄る。

「いやー個性的な髪型ですねぇ」

お世辞を言う俺に、卍クンが笑みをこぼす。

「そうすか。どうも」

「あ、やっぱり自分でもそう思います？」

「まあ、あんまりこの髪型やってるヤツいないすからね」

「でも、なんで服装はハカマ姿なんですか。やっぱり型にはまってたいんですか？」

よく意味が飲み込めないのか、卍クンは怪訝な表情を浮かべた。

「あの、何が言いたいんすか」

「だから、自分では悪ぶってるんでしょうけど、ボンタンはいた中学生と一緒ですよ」

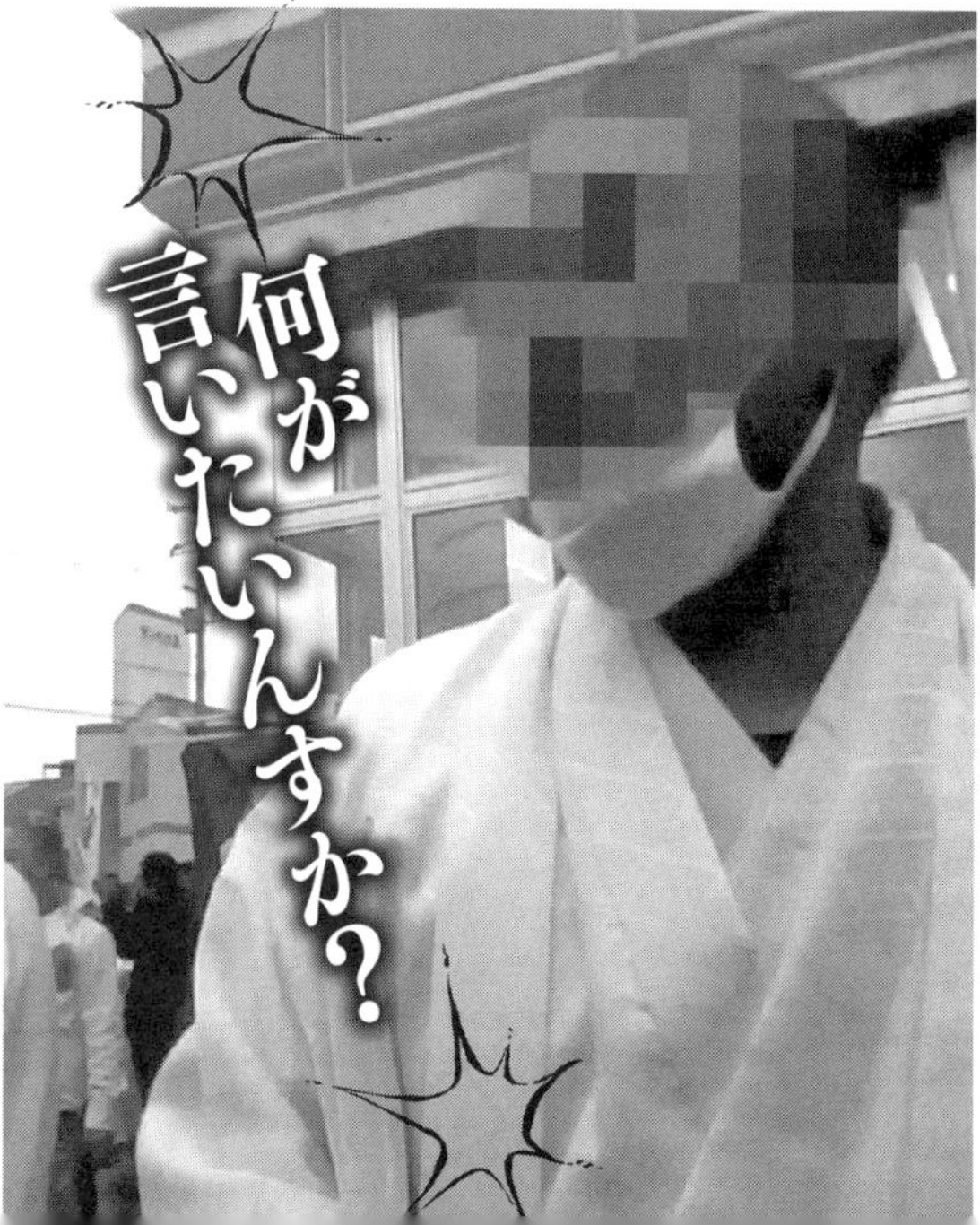

「…はあ、そうすか」

そう言って、卍クンは小首をかしげながら去っていった。変なオッサンだなとでも言いたげに。あれ？　こんな感じにするつもりじゃなかったんだけど…。

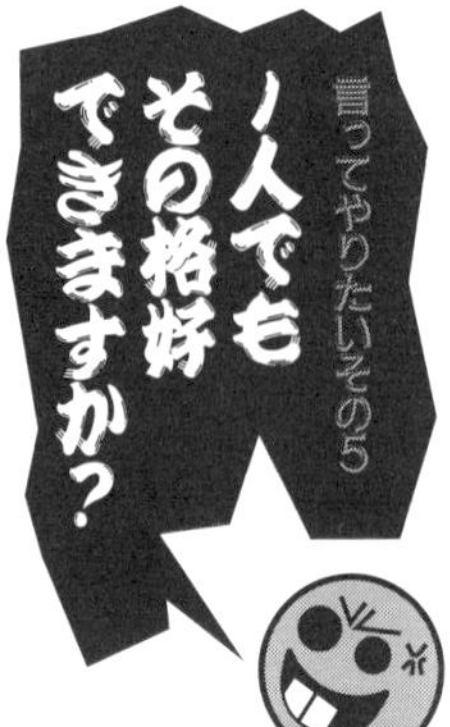
言ってやりたいその5
1人でもその格好できますか？

絶対できっこないと思う。ヤツらはお祭り騒ぎに便乗してるだけ。ヤンキーファッションに対するポリシーなどゼロだってことを面罵してやる。

商業ビルの入口付近で、懐かしの横浜銀蝿系リーゼントを発見。「おめでとうございます」と会釈して彼に近づく。

「イカした髪型ですね」

険しい銀蝿の顔がパッと明るくなった。

「昨日、床屋でパーマ当てたんすよ」

「でもそれって、友だちもヤンキーファッションだから自分もやってるんでしょ。もし他のみんなが普通の格好でも、その髪型にしてました？　ひとりだと恥ずかしくてできないんじゃないですか？」

「………」

　こういう展開になるとは想像してなかったのか、銀蝿はたたみかける俺の顔をア然と見つめる。

　やや間を置いてから、彼はグイッと顔を寄せてきた。

「何が恥ずかしいだ、お？　整形してもおっつかんくらいボコられてえのかコラ！」

　さらりと恐ろしいことを言う。だけど、こっちも退く気はない。

「やっぱり図星だったから激怒したんですか？　恥ずかしい格好だと認めるんですね」

直後、顔面に衝撃が走り、鼻の奥が鉄臭くなった。ああ、また1発、食らうとは…。何だか頭痛がしてきた。

「次見かけたら殺っちまうぞ」

捨て台詞を吐き、銀蝿は立ち去った。

言ってやりたいその6 テレビカメラが来るから気合い入れてるんですか？

こいつら、テレビが来て、ギャラリーがいて、世間の注目を浴びてるからこそテンションが高くなるのだ。これが何もない砂漠のど真ん中だったら、あんな暴れ方するワケがない。幼稚な精神構造、ダサいぜ。

鼻の穴にティッシュを詰めて国際通りを探索していると、本日何度も見た光景が、また目の前でくり返されていた。

車の行き交う道路の真ん中で、やくざチックな男が中学校名の書かれた旗を振り回し、渋滞を引き起こしている。目立ちたがり屋さんですな〜。

まもなく、やくざ君が警官の手で歩道へ引きずり込まれた。そのタイミングで彼の肩を叩く。

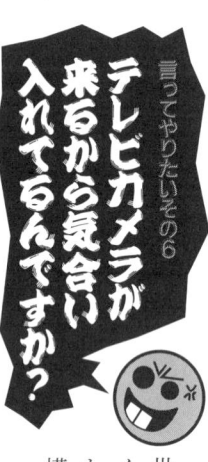

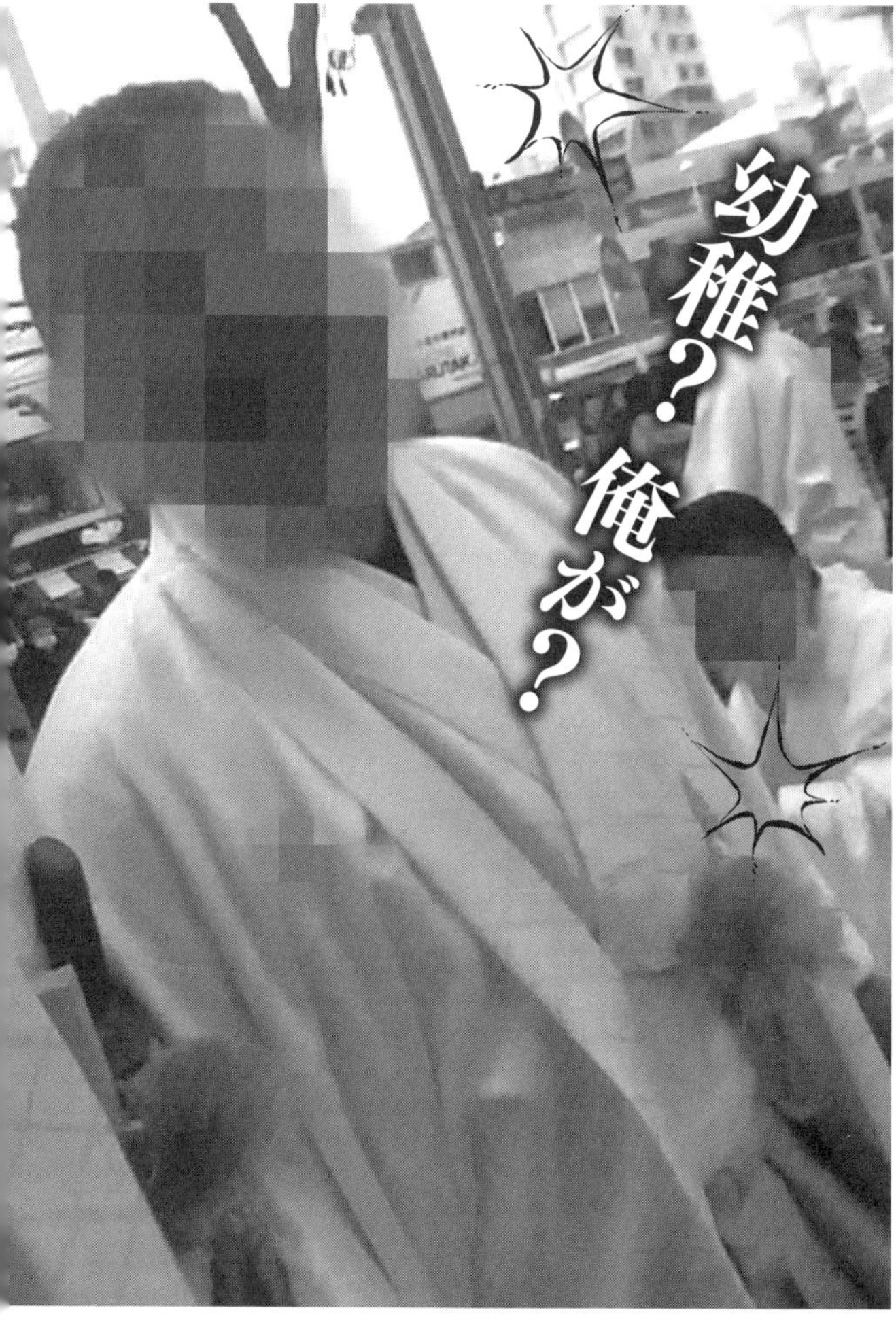
幼稚？俺が？

「いや〜目立ってましたね。やっぱテレビカメラが来てるから気合いを入れたんですか」

やくざ君は当然といった面持ちで、こくりとうなずいた。

「そりゃそうっしょ。全国に流れるんだから」

「ずいぶん幼稚なんですね。もう大人なのに」

やくざ君の顔からさっと血の気が引いた。

「え？　いま何つった？　幼稚？　俺が？　何おまえ？　ああ？」

しゃべることでボルテージが上がっていくタイプらしい。針で突いたら爆発するのでないかと思えるほど、パンパンにテンションをみなぎらせこちらをにらんでくる。

俺は余裕だった。だってすぐ近くに警官いるし。キミキミ、俺に手を出せば現行犯でアウトですぜ。

しかし、いるはずの警官はいつのまにやら消えていた。

はい、残念でしたぁと言わんばかりに飛んできたのは、重いひざ蹴りだ。１発目は胃に、２発目はみぞおちへピンポイントに。胃液をぶちまけ、俺は地面に屈した。

「相手みてケンカ売れよ、タコ」

ああ、俺もう、この島で死んじゃうかも…。

言ってやりたいその7

内地（本州）で笑い者になってることを知ってますか？

これまで沖縄の新成人にいろんな質問をぶつけてきたが、最後の題目はそれらをすべて集約したものといっていい。

果たして、こんなことを口にして、生きて本土へ帰れるものだろうか。

国際通りそばの広場でタバコを吹かしていたのは、頭頂部にまで達する、鬼の爪のようなソリコミを入れたコワモテの若者だ。友人と談笑しているところを直撃する。

「初めてナマでパレードを見たんですけど、すごい盛り上がりですね」

ソリコミ君が「おまえ誰？」とでも言いたげな、するどい視線を飛ばしてきた。

「なんか用？」

「ちょっとお聞きしたいことがありまして。沖縄のみなさんはビシっと決めてるつもりなんでしょうけど、内地じゃ笑い者になってるってご存じですか？」

ザッザッとこちらに詰めよりながら、満面の笑顔でソリコミ君が答える。

「何の話？」

「だから、全国でみなさんが笑い者になってるんです。それってどう思います？」

「え、ごめん、もう1回言って」

ナメんな
殺すぞ!

「えっと……」

ドスッ。

あまりにもニコニコしてるもんだから、怒ってたなんて知らなかった。気がつくと、強烈な払い腰で地面に叩きつけられていた。

あわてて起き上がると同時に、強烈な右フックが側頭部に直撃する。視界の風景が左右に揺れた。

仲間に羽交い締めにされたソリコミ野郎が鬼の形相で叫ぶ。

「ナメんな、殺すぞ！」

★

とりあえず言いたいことは言ってきたが、なんらダメージを与えなかったことは明白だ。

来年もまた、この地では新たなバカ者どもが暴れ回り、恥をさらすのだろう。

深夜のドンキ族に言ってやりたいことがある

リポート|建部 博|本誌編集部(当時)

「裏モノJAPAN」2013年3月号掲載

ドン・キホーテという、しょうもないものばかり売っている24時間営業のディスカウントストアには、夜になると周辺のヤンキーどもが集いはじめる。まるで街灯にむらがる蛾のように。あの光景を見て苦々しく思うのはオレだけじゃないだろう。誰もが面と向かってひとこと言ってやりたいはずだ。今回は、ヤツらの怖さにビビッてつい静観してしまっている皆さんに代わり、オレが物申しに行くとしよう。

言ってやりたいことがある⑦

何も買わないのに何しに来てるんですか?

これ、いつも思うのだ。ああいう連中は何をするでもなくドンキにいるんだけど、買い物袋を持ってるのは少ない。なぜ用もないのにわざわざ行くのか。

週末の夜、深夜0時。埼玉の某ドン・キホーテに足を運んだ。駐車場は空きスペースがないほどクルマでいっぱいで、警備員も忙しそうだ。

入口に向かって歩けば、いたいた、さっそくあの疎ましい連中がたむろしている。10代後半らしき兄ちゃんたちだ。買い物袋は持っていない。

しばらく観察していたが、その場でたむろってるだけ。よし、行くぞ。

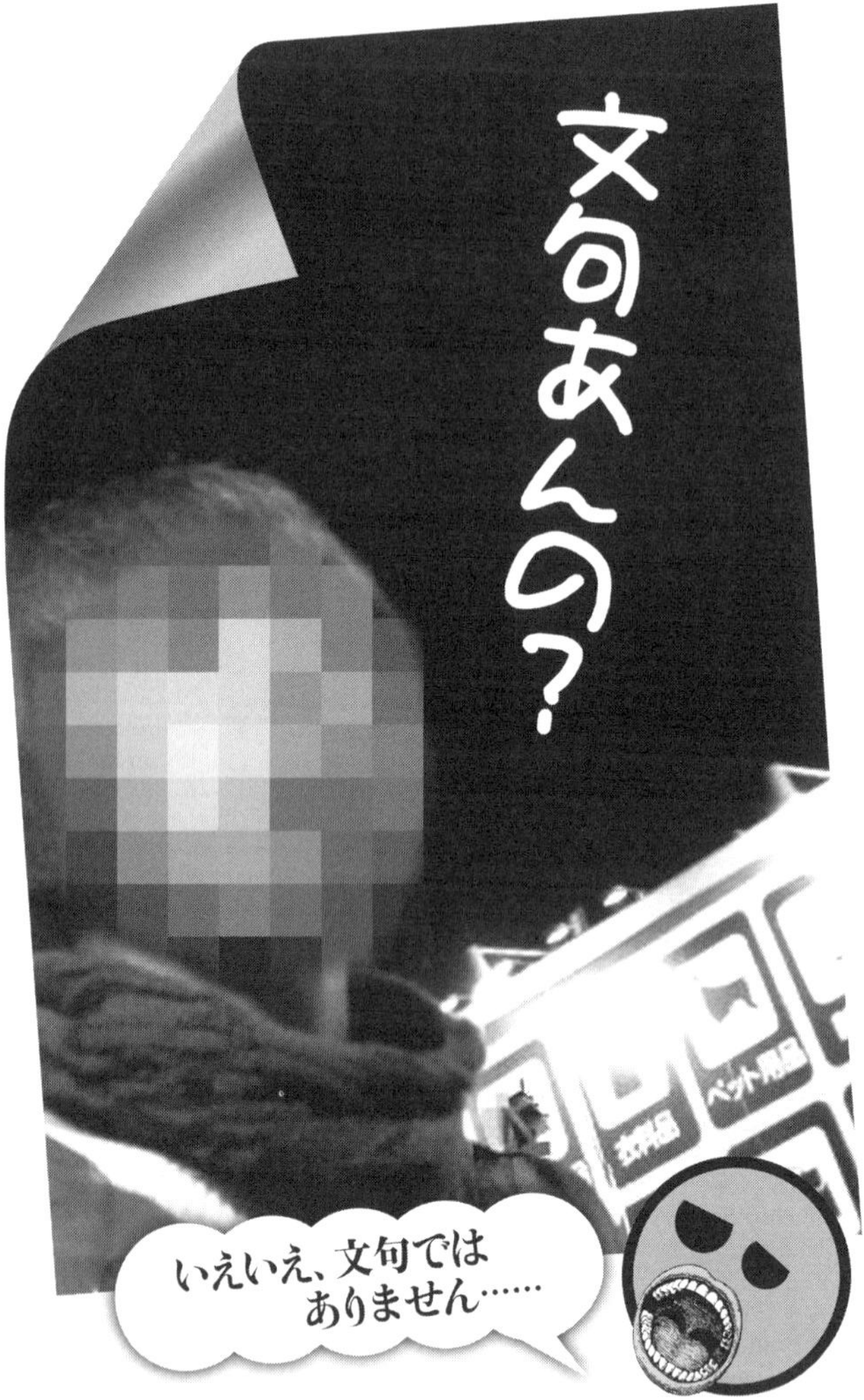
文句あんの?
いえいえ、文句では
ありません……
ペット用品
衣料品

「ちょっとお聞きしたいんだけど」

「え？」

茶髪のホストみたいなヤツが反応した。

「何も買わないのに何しに来てるんですか？　ここって買い物をする場所のはずだけど。もしかして、財布を忘れてきちゃったとかですかね？」

言わんとすることをなんとなく理解したのだろう。ホストくんは眉間にシワをよせてじりじりと顔を近づけてくる。そんな近くから全身を舐めるように見ないでくれよ。

「おっさん、誰？」

「通りがかっただけだけど」

「なんか文句あんの？」

「文句っていうか、買い物しないのならドンキに来なくてもいいんじゃないかって……」

言い終える寸前、ヤツが肩をコツンとぶつけてきた。痛くはないんだけど……。

「まだなんか文句あんの？」

肩コツンはこれからはじまる暴力のほんの序章に過ぎないってことだろう。退散だ。

言ってやりたいことがある②

明るいところが好きなんですか？

おそらく彼らは電気が好きなんだろう。きらきら輝くドンキが遊園地のように見えているのだ。

推理を確認すべく、次なるターゲットを探す。喫煙所でもない自販機の横でタバコをふかしている2人組を発見した。

「お取り込み中すいません」

「え、なんすか？」

リーゼント風の髪型に似つかぬ可愛らしい顔立ちだが、切れ長の目をさらに細くしてメンチを切ってくる。まだ何も言ってないのにそんな顔しないでよ。

「あの〜、明るいところが好きなんですか？」

「……は？」

「ああ、簡単に言うとですね、用もないのに夜中にドンキに来るってのは、明るい場所が好きなんだろうなって」

リーゼント君はキチガイを見るような目でオレを見つめている。タバコを足元に捨て、立て続けに2本目に火をつけた。

「虫って明るい街灯に集まるじゃないですか。それと同じですよね」

「虫」の言葉にリーゼント君の表情が変わった。タバコを思いきり吸い、煙をオレの顔にプシューと吐きだす。

そこからは早かった。オレの足めがけて蹴りが飛び、前かがみになった髪の毛をつかまれた。

「チョーシくれてんじゃねえよ！」

ダメだ、こいつら話にならん！

言ってやりたいことがある③
中学生がコンビニに集まるようなもんですか？

中学生で悪ぶりたいヤツはコンビニへ、大人になって悪ぶりたければドンキへ。そういう決まりでもあるのかもしれない。うん、きっとそうだ。

駐車場に一台の車が停まった。中から出てきたのは作業着姿の若者2人だ。仕事が終わってドンキに来たのだろう。

いつまでも車の前で話しこんで動こうとしない2人。いったい何してんだか。

「少しお話してもいいですか」

エグザイルにでもいそうなタオル巻きと、カウカウの多田似が振りむいた。

「あの、皆さんがドンキにたまるのって、中学生がコンビニに集まるようなものなんですよね？」

「……」

2人は顔を見合わせている。怒りというよりは、いったい何を言われてるのか判然としない様子だ。

「意味わかります？」

「いや……」

「だから中学生にとってのコンビニが、みなさんにとってのドンキなのかなって」

「は？　意味わかんないっす」

　ダメだこりゃ。こんな簡単なこともわからんようじゃ、まだ大人じゃないよ。コンビニに行きなさい。

は？
意味わかんないっす
君たちにドンキはまだ早い！

言ってやりたいことがある④

他に行くとこないんですか？

これはもう図星なだけに、イエスの答えしかありえないわけだが、一応聞いてみよう。

入り口でタバコをふかす3人組が、さっきから会話すらなく、それぞれケータイをいじっている。家でやれよ。

「すいません、今日はどうしてドンキに来たんですか？」

「え？　オレらに言ってんの？」

「はい。なんか、ドンキに来る必要性がなさそうなので」

「必要性？」

オレの言葉に反応してくれたのは、オラオラ系雑誌の洋服をそのままコピーしたかのような兄ちゃんだ。

「他に行くとこないんですか？」

「あ？　オレらがどこに行こうとカンケーねえじゃん」

「だけど、ドンキ以外には行かないでしょ？　いつもドンキなんじゃないですか？」

「意味わかんんね。ドンキに来ちゃいけないん？」

そこで1人が電話をしはじめた。

「もしもし。なんかヘンなおっさんに絡まれてるんで遊びにきてくださいよ。アハハ」

うわ、仲間呼びやがった！　もしかしてオレ、拉致されてリンチにあうのかも…。

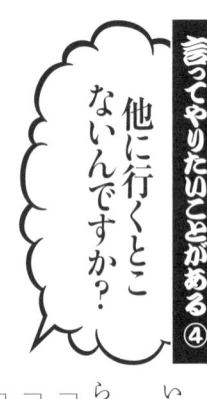

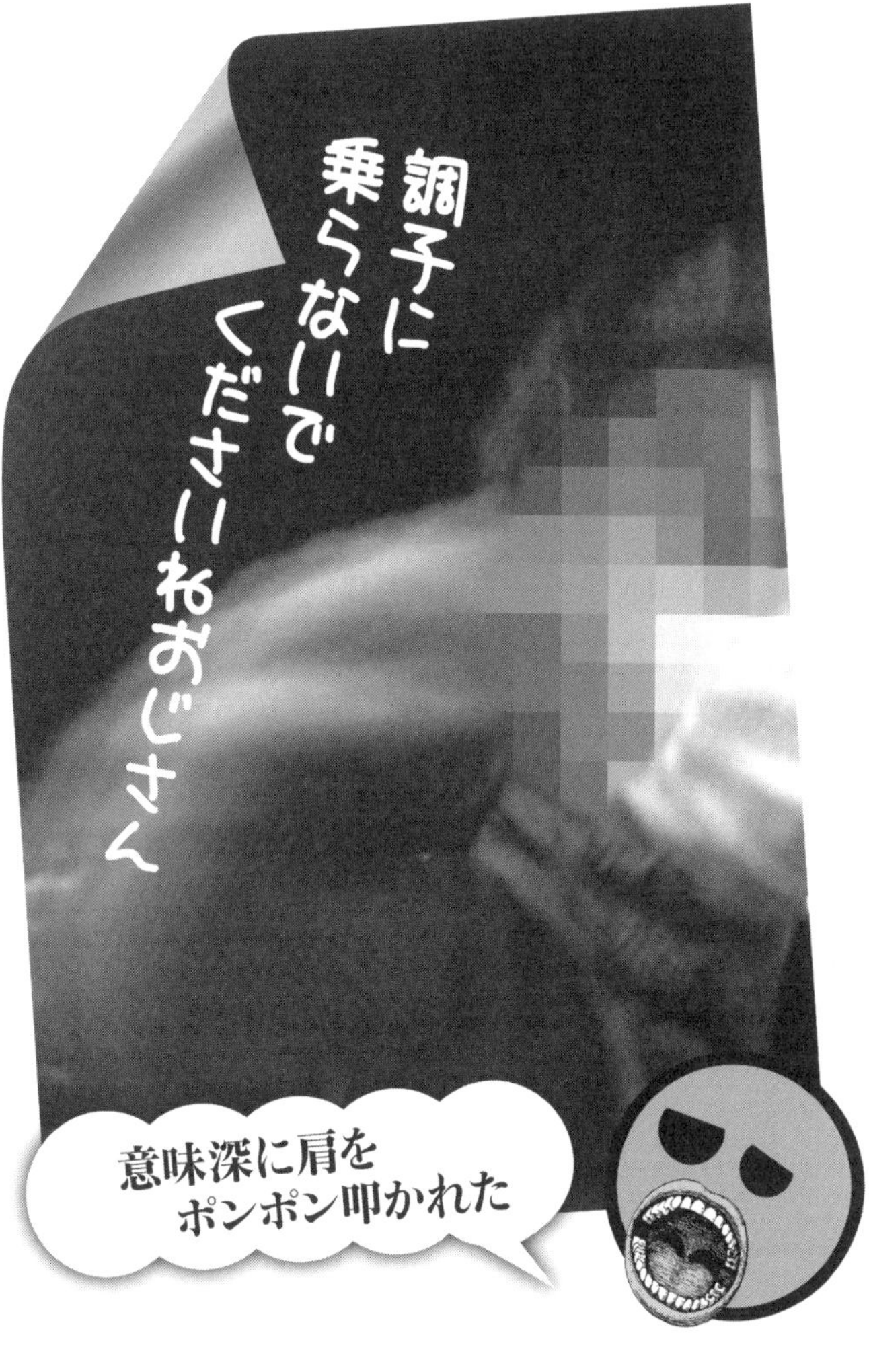
調子に
乗らないで
くださいねおじさん
意味深に肩を
ポンポン叩かれた

「いや、あの、もういいです」

その瞬間にオラオラ君の右手がオレの肩をとらえた。１回、２回と肩パンだ。

「あんまり調子にのらないでくださいね、オジサン」

気がすんだのか、３人はどこかに行ってしまった。

言ってやりたいことがある⑤

ドンキならその格好でも許されることになってるんですか？

あの人たちの特徴として、いかにもヤンキー系というか、それこそドンキファッションが多い。

アメリカのギャング風のジャージやヤクザの刺青を思わせる刺繍など、都内などでは見ないようなダサイ風貌だ。間違ってもいいオトナが電車に乗って着れるような服ではない。ヤツらのなかで〝ドンキならこれでＯＫ〟みたいな風潮があるのだろう。

おあつらえ向きの男がやってきた。20代前半くらいで、セットアップの黒スウェットに偽クロムハーツ風のネックレス。サングラスを頭にかけ、眉は細めに剃られている。インパルスの堤下を２００倍ほど凶暴にした感じだ。

「あのぉ、その洋服ってどこで売ってるんですか？」

「これっすか？　いや、どこでも売ってますよ」

好きなの着てるだけなんで
お洒落でいいですね

「へえ。そういう格好って、ドンキなら許されるんすか？」

「許される？　え？」

「さすがに電車に乗って都内に行ったりするのはムリじゃないですか。でもドンキならOKってことになってるんでしょうか？」

「いや、OKとかそういうんじゃないっすよ。好きなの着てるだけなんで。な、みんなそうっしょ？」

一緒にいた数人がうんうんと笑顔でこたえている。うーん、なんか噛み合ってないな。

でも、こうやって周りに同意を求めて、周りもうなずく感じ、ドンキ族同士ならではの同調圧力がはたらいてるんだろな。

言ってやりたいことがある⑥

あなたの中では、深夜の街で遊んでる俺ってイケてるよねってことになってるんですか？


六本木や渋谷なんぞにいるような、音楽と酒とダンスと女の子に囲まれた夜遊び族と、ただ駐車場でだべってるドンキ族とでは、明らかに種類が違うと思う。

でもドンキ族にしてみれば、自分たちも深夜に街を徘徊するイケてる人種ってことになってるのかもしれない。

現に、ドヤ顔をしてるヤツも多いし。

深夜3時、ドンキの閉店時間がやってきた。それでも

気持ちわりーんだよ！
図星だったか

いるのだ。外でなにをするでもなく立ちすくむ３人組が。

「すいません。お聞きしたいのですが」

「……」

全員そろって無視だ。

「アナタたちの中では、深夜の街で遊んでる俺らってイケてるよねってことになってるんですか？」

「……」

また無視か。オレはグループの１人、作業着姿の地味顔クンに向けて言葉を続けた。

「若者の夜遊び、イケてるぜって感じですか？」

「……」

あっ、黙って去っていく。待てこら、ちゃんと答えろ！

「ねえ、答えてください」

「つーか言ってる意味わかんねえし。気持ちワリーんだよ、どっかいけ！」

３人組は小走りでクルマに向かっていった。

言ってやりたいことがある⑦

週末の夜の数少ない楽しみなんですか？

きっと彼らは、水曜日あたりから「よーし、次の土曜日はドンキに行くぞ～」って楽しみにしてるのだろう。直接的な言葉だけに激怒される可能性は高いが…。

そこそこのイケメンが集まるグループが、入り口付近の屋台まわりでくっちゃべっている。そろりと近づき声をかける。

「どうですか、ドンキは楽しいですか？」

「はい？　なんか用？」

「みなさん週末のドンキが楽しみだったんですよね？」

「なんだコイツ、ハハハ」

全員がオレを見て笑いはじめた。いやいや、ちゃんと質問に答えなさい。

「やっぱり週末の夜の数少ない楽しみなんですか？　この日のためなら仕事も頑張れちゃう、みたいな」

「……」

「いつから楽しみにしてたんですか？水曜日か、火曜日か…そこのアナタはどうですか？」

「……」

笑顔だったヤツらが一様に押し黙っている。

このあとボコられるハメに
よくケンカ
売れたね？

１人が声を出した。

「オッサン、そいつにあんまりテキトーなこと言わないほうがいいよ。すぐキレるから」

そうだ、やめとけと、周りがはやしたてる。どうやらオレはこの中でイチバンの危険人物に話をふってしまったらしい。

キレやすい君がクチを開いた。

「意味わからんけど、とりあえずバカにしてるっしょ？」

「違いますよ。純粋に興味があるんです」

「オレら何人いると思ってんの？　よくケンカ売れたね。ほめてあげるよ」

すぐに頭に痛みがきた。キレやすい君はオレの髪をつかみ、そのまま駐車場の空きスペースまで連れて行き、腹にケリを入れてきた。くそ〜！

「こんなことしていいと思ってんのか！　すぐ警備員が来るぞ！」

しかし、頼みの警備員の姿はどこにもない。閉店時間を過ぎて帰ってしまったのだろうか。神様、助けて！

第二章 ディープスポットを歩く

原因不明の奇病が蔓延!?

手が震える村

リポート|藤塚卓実|本誌副編集長

「裏モノJAPAN」2016年2月号掲載

日本のとある地域で、手足や体が震え、やがては死に至る謎の病気が蔓延しているという。その地域とは、和歌山県・古座川町。熊野灘を望む紀伊半島のほぼ最南端に位置し、古来より林業の盛んな山間部の田舎町だ。同町は昭和30年代に５つの山村が合併してできた自治体だが、問題の病気が多発しているのは古座川町全体ではなく、それら旧村の一部に限ってのことらしい。ともあれ、にわかには信じがたい話である。医療技術が未発達だった大昔の話ならいざしらず、現代の日本で、そんな迷信じみた出来事が起きてるなんて。噂が事実だとするなら、怪現象の原因はいったい何なのか。そして、村の住人はそのことをどう受け止めているのだろう。

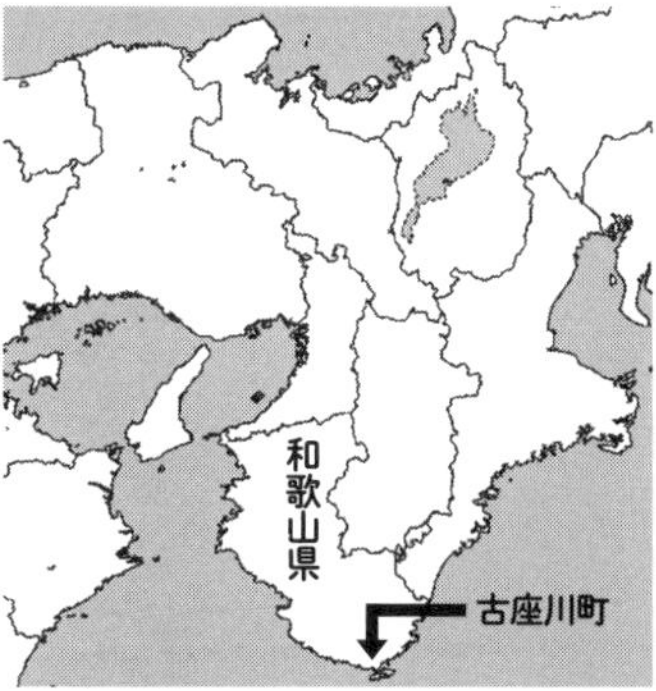

両ヒザの動きがやけにギクシャク

２０１５年12月某日、昼前。目的の集落を目指し、最寄り駅からレンタカーを走らせた。太平洋に面した海岸線をしばらく進み、途中、内陸部に向かってハンドルを切る。と、それまでの漁師町風情ただよう景色がたちどころに一変した。

すぐ目の前にせまる緑ぶかい広大な山地。そこから流れ出る大きな川（二級河川・古座川）の両岸には民家がポツポツと建ち並び、それがはるか上流までずっと続いているように見える。海岸と山渓の風景がここまで近接しているとはずいぶん珍しい地形だ。

山中に向けて車はさらに進む。曲がりくねった山道を右に左にと行くうちに標高はあがり、道に併走する古座川の水もだんだんと色濃さを増していく。

やがて、森林に挟まれた山道のさきに集落が現れた。奇病多発エリアとされる一帯にようやく入ったらしい。

車を道路わきに停め、周囲を歩いてみる。パッと見は何の変哲もない山あいの村だ。のどかというにはあまりにも閑散としていて、ところどころ空き家も目につく。このあたりも他の田舎と同じく過疎化が進んでいるようだ。

人影はほとんどない。たまに車が通ったり、軒先で雑用をしている老人を見かけたりするのがせいぜいだ。あたりはシーンと静まりかえり、ときおり、雑木林から聞こえる葉ずれの音がかえって静寂を強調する。

ふいに納屋のような小屋から農家の出で立ちをした男性が出てきた。歳は30代後半くらいか。何気なく彼の動きを目で追っているうちに、妙なことに気づいた。

明らかに歩き方がおかしい。両ヒザの動きがやけにギクシャクしていて、まるでロボットの二足歩行を見るかのような不自然さというか。

一歩踏みだすたび、男性はカックン、カックンと体を揺らしながら進み、民家前に停めてあった軽自動車に乗り込むと、そのままどこかへ走り去っていった。

奇妙という他ない。足腰の弱った老人ならともかく、なぜまだ若い人があんな歩き方を？

ふいに浮かぶ奇病の二文字。歩行困難は、例の奇病の症状のひとつだ。もしや今の人も…。

こんな寒村で電動車イスに二度も

奇病多発エリアは案外と広範囲で（と言っても、大部分は人が住んでいない山林地帯だが）、その中に小さな集落がいくつか点在している形だ。

次の集落へ移動しようとふたたび車を走らせたところ、3分もしないうちに道の駅を見つけた。喫茶店も併設されているっぽいので、休憩もかねてコーヒーを飲んでいくことに。

隣りのテーブルには、60代男性3人が談笑していた。会話を聞くともなく聞いてみたところ、近所の住民のようだ。

まもなく3人は席を立った。会計に向かう彼らの背中をぼんやり眺める。……一人の歩き方がさきほど見かけたロボット歩行とよく似ていた。カックン、カックンと体が揺れるところも同じで、よく見れば手もぶるぶると震えている。

コーヒーを飲み終え、運転を再開してからも、ちょっと引っかかる光景に遭遇した。通りかかったバス停や民家の前で、それぞれ電動車イスに乗った男性（ともに60代前半か）を見かけたのだ。

人がたくさん住んでいる地域ならともかく、こんな寒村で電動車イスに日に二度も遭遇するものだろうか。東京に住んでても滅多にお目にかからないのに。

いや、それはさすがに考えすぎか。高齢化の進んだ田舎なら、特別おかしいことではないのかも。

電動車イスも二度見かけた

「あんたが言うてるのは、ムロ病のことと違うんか？」

ふたつ目の集落に到着した。

最初の集落と違い、郵便局などがあるせいか、比較的人の姿が目立つ。ちょっと誰かに話を聞いてみることにしよう。

ちょうど郵便局から男性が出て来た。

「すいません。このあたりで妙な病気が流行ってるって聞いたんですが、何かご存じありませんか」

「え、病気？　どんな？」

「手足が震えるんです」

男性は自分の両手を確かめるように眺め、こちらに視線を戻した。

「知らんな。聞いたことないわ」

続いて、家の軒先を掃除していたおばさん。

「このあたりで手足が震える病気が多発しているようなんですけど、そういう話はご存じですか」

「え、そんな病気が流行ってんの？　うっとこ（うち）はみんな健康やけどな」

その後も数人に声をかけたものの、返ってくる

反応はみな同じだった。

どういうワケなのか。奇病が多発しているのなら、その話で持ちきりのハズなのに。

ところが、近くを通りかかった60代男性に同様のことを尋ねたところ、今までとは違う反応が。

「あんたが言うてるのは、ムロ病のことと違うんか?」

「え、ナニ病ですか?」

「ムロ病や。ここらは昔から牟婁地方って言うてな、その牟婁に多い病気やからそう呼びよるんや」

どことなく学のありそうなその男性は、知ってるかぎりの情報を教えてくれた。

いわく、ムロ病とは体が徐々に硬直し、手足が震え、最終的には死んでしまう、原因不明の病気らしい。

「正式な病名は忘れてもうたけど、その病気そのものは特別なものじゃないらしいわ。患者は全国にどこにでもおるしな。でも牟婁とグアム島のある地域だけは、なんでか世界的

古座川の水は古くから名水と讃えられてきた

に見ても発生率がケタ違いに高いっちゅう話らしいで」

手足が震え、死に至る病気が多発。まさしく噂どおりだ。

「でも変やな。ムロ病ってもうなくなってるはずやねん」

「…え、そうなんですか？」

「うん、そやで。わしのじいさん世代には病気になった人もたくさんおったらしいけど、今はまったく聞かへんで」

「古座川の水質が問題だっていう説はありますか」

いったいどういうことだろう。とっくの昔にムロ病が根絶したのなら、なぜ今になって噂が？　もしかして病気が復活してたりするのか？

とある民家の前を差しかかったとき、家の前で柵の手入れをしている婆さんがいた。

「すいませーん。ちょっとお話よろしいでしょうか？」

「はいはい何でしょ？」

「ムロ病ってご存じです？」

婆さんは一瞬、小首をひねり、それから「ああ」とうなずいた。

「知っとるよ。小さいころ、私のおじいさんがムロ病になって亡くなったさけな。大阪の病院までヘリコプターで運ばれてったの覚えてるわ。あのころはワラビは食べたらアカンとかいうてな」

「ワラビって、あの山菜の？」

「そうそう。ここらに生えとるワラビがムロ病の原因やって大人たちは信じてたんやろね」

「なんでなのでしょうね」

「さあ。今はみんな普通にワラビ食べよるけどな」

話をしているうちにだんだん記憶が蘇ってきたのだろう。婆さんが早口でつづける。

「そういえば当時、この辺の民宿に大阪の医者だか学者だかが何人も泊まり込んで、いろいろ調査しとったらしいで」

「それで何かわかったんですか」

「はっきり覚えとらんけど、古座川の水がどうとかって、母親が言うとったような…」

「いまはどうです？　最近、誰かがムロ病になったなんて話、聞いてませんか？」

ぷっと婆さんが吹き出した。

「ないない。あんたムロ病て、どんだけ昔の話やと思うてんのよ」

付近に小さな病院があったので、ついでに医師にも話を聞いてみた。

「ムロ病なんてもうとっくになくなりましたよ。ここに来る患者さんでＡＬＳ（筋萎縮性側索硬化症。ムロ病の正式名称）なんて１人もいません」

そもそもALSは有病率が人口10万人で11人程度の極めて珍しい病気、当病院にそういった患者は1人もいないときっぱり否定されてしまった。

「でもALSが、かつてここで多発したのは事実ですよね？　原因は解明されたんですか」

「古座川の水質が問題だっていう説はあります。川水のミネラル成分が極端に少ないんですが、それを長い間飲用してると慢性的なミネラル欠乏症になって脳細胞に悪影響を及ぼすという理屈です」

なるほど。現在は水道水やミネラルウォーターも普及しているし、それによってALSが激減したというわけか。

しかし医師は言う。

「私個人は水原因説に否定的でして。水源のミネラルが欠乏してるっていうなら屋久島（鹿児島県）だって同様ですけど、ALSが大量発生したなんて話は聞いたことありませんし。私は水じゃなくダニだと思うんですよね」

以前、紀伊半島の南端ではマダニから感染するウィルス性の紅斑熱という病気が流行したそうで、そういったダニの持つウィルスがALSの多発にも何かしら関与しているのではとの見解らしい。

話を聞き終えたその足で、古座川の川辺に降りてみた。川面はこれ以上ないほど澄みきり、底に転がる苔むした石ころを撫でるようにゆっくりと流れていく。

手ですくって飲んでみれば、かすかな甘みが口に広がった。抜群にうまい。

「パーキンソンはたしかに増えてるわ」

そろそろ日は西の空に傾きかけている。うら寂しいあぜ道をトボトボ歩きながら思案した。ムロ病が絶えて久しいというのはよくわかった。でも、それならここへ来た当初に見た光景は何だったのか。あのロボット歩行や手足の震えた人はいったい…。

そんなことを考えていた矢先、畑の方から老婆がひょいとあらわれた。こちらの存在に気づくや、彼女は「こんにちは」とフレンドリーに挨拶してくる。話を聞いてみようか。

「このあたりで手足の震える人が多いって聞いたんですけど」

「あれやな。パーキンソン病の人が増えてるな」

ん、パーキンソン病が？　そいつは初耳だ。

「去年は、あそこの家に住んでたおじいさんがパーキンソンで亡くなったし、もっと向こうの方でもパーキンソンになった人がおるって聞いたな。あ、思いだした。そういえばこの家のおじいちゃんもパーキンソンやったわ」

老婆が目と鼻の先にある民家を指さした。そしてひと言、噛みしめるように言う。

「うんうん、パーキンソンはたしかに増えてるわ」

パーキンソン病はモハメド・アリがかかったことでも知られる原因不明の病気で、主な症状は次のとおりだ。

▼筋強剛（筋肉が緊張し関節の動きがぎこちなくなる）
▼振戦（手足の震え）
▼歩行障害

日中に見かけた人たちの不思議な歩き方が目に浮かぶ。

日本ではパーキンソン病患者の有病率はおよそ1000人に1人。対し、この村は人口1000人にも満たないのに、老婆の知ってるだけでも3人がかかっている。

ちょっと異常な数字だとはいえないか？

老婆に教えられた、パーキンソン病のおじいさんのいる家を訪ねてみた。応対してくれたのはその娘さんだ。

「突然お邪魔してすいません。ご近所でこちらのお父さんがパーキンソン病にかかったと伺ったんですが、ちょっとお話を聞かせてもらえませんか？」

娘さんは快く応じてくれた。

「いいですよ。ただお父ちゃんは不在ですけど。昨日からデイケア施設で宿泊してて」

「お父さんはずっと昔からこの地域に？」

「はい、そうですけど」

「最近、このあたりでパーキンソン病の患者が増えてたりするんですか？」

「いや、私にはよくわからないですけど」

★

かつてこの辺りではムロ病が多発していた。ところが現在はパーキンソン病が目立つ。冒頭の噂は、両者がごっちゃになって広まってしまったものなのだろう。パーキンソン病は死に至る病ではない。

そして以下は、あくまでイチ素人の勝手な推測である。

ムロ病とパーキンソン病。本来は有病率が低いはずの、そして共に原因が解明されていない病気が、この土地に限って多いのは、おそらくや同じ理由に因るのではないか。

それがワラビなのか、水なのか、はたまたウィルスなのか。そこまでは調べようもないのだが。

病気の原因は何なのか……

地図にない集落を歩く

リポート|藤塚卓実|本誌副編集長
「裏モノJAPAN」2011年8月号掲載

この日本には、地図に載っていない集落がいくつもある。

といっても国土地理院発行の精密な地図ではなく、ネット上のマップのことだ。特定の集落、街の一区画などが、あたかもハナから存在しないかのように空白になっているのだ。

理由は何か？　を探ろうとしても徒労に終わるだろうし、さほど好奇心もわかない。むしろ興味の矛先は、そんな集落に何があり、どんな人たちが生活しているかだ。

盗賊の一団だと聞いております

とある山岳地帯に、写真には写りこんでいるのに地図だと空白扱いにされてる小さな集落がある。行ってみよう。

車に乗り込み、山深い１本道をひたらすら突き進む。途中『この先行き止まり』の標識があったが、むろん構わず前進だ。住民がいるんだから、途中で止まってるわけがない。

普通車１台がギリギリ通れるくらいのアスファルト道を、奥へ、奥へ。やがて道路は未舗装

地図の空白地帯……①

航空写真では矢印のあたりに集落がある

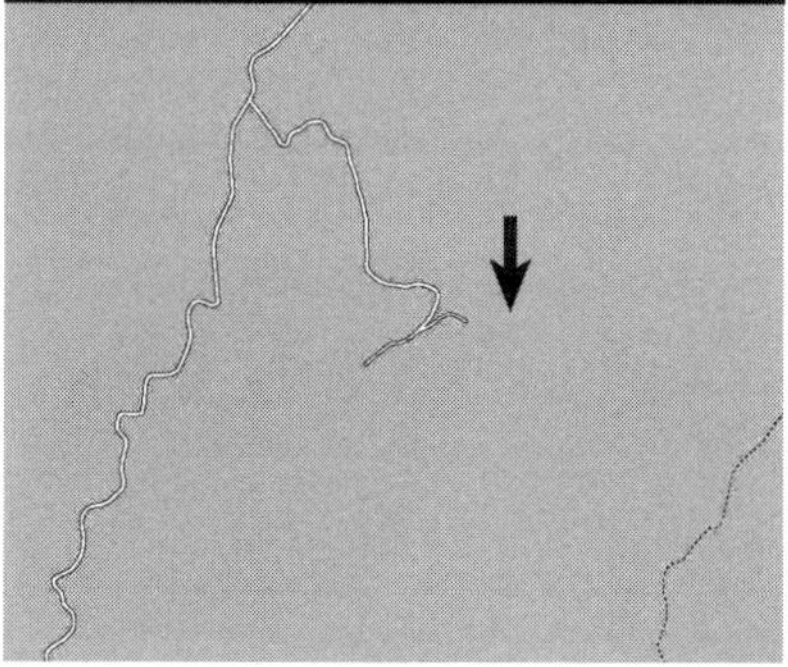

になり、数キロ先でぱたりと途絶えた。行き止まってんじゃん！ 集落ないじゃん！ 車を下りて周囲を見渡す。渓流、木々、とんび。辺り一面、いかにも山深い風景で、人の気配はまったくない。もちろんケータイの電波もゼロだ。

本当に集落なんてあるのか……周辺はヒルだらけでした

おかしいな。地図じゃなくて航空写真のほうが間違ってたのかな。でも、ならばさっき通った道は誰が使ってんだ？　林業専用？

おかしなもんだと辺りの草むらを探索していると、小さなあぜ道が見つかった。なんだよ、あるじゃん、隠さないでよ。

あぜ道の奥に一軒の民家があった。軒先のイスに年老いた男女が座って、のどかな雰囲気だ。

「こんにちはー」

おばあさんがニッコリ笑った。

「あらまぁ、こんな山奥まで何しにきたの？」

「いや、ここ地図に載ってなかったので、どうなってるのかと思って」

「見てのとおり、ただ山があるだけだよ」

2人に聞いたところでは、この一帯には他に3軒の民家があり、住人は十数人しかいないらしい。おじいさんが子供のころは10軒あったが、時の流れとともに1軒また1軒となくなっていったようだ。

数ある限界集落のなかでも、ここは抜きんでて寂しい気がする。お元気でお暮らしなのはなによりだけど。

「まあ、仕方ない。水道すら通ってない田舎だし」

生活水は井戸水と湧き水で代用し、ガスはプロパンを使っているようだ。

別れ際、おじいさんが興味深い話をしてくれた。どうしてご先祖さんはこんな山奥に住み着いたのかという質問に、

「死んだジーサンから、わしらの先祖は盗賊の一団だと聞いておりますがね」

こんな貴重な村、ちゃんと記載してください！

カーナビに住所が表示されない

次に向かったのは、とある町中の一角だ。マップでは、家々の密集する地帯にポコッと穴のあいたような空白がある。規模にして丸丸1ブロック分。けっこう広い。

友人を連れて車を走らせる。カーナビによれば、次の大通りの向こう側が目的地だ。

大通りを越えた。一見、なんの変哲もない住宅街である。古くさい家々が目立つものの、周囲の光景とさほどの差はない。

ふいに友人が「あれ？」と声を上げた。

地図の空白地帯………②

ぽっかりと空白が

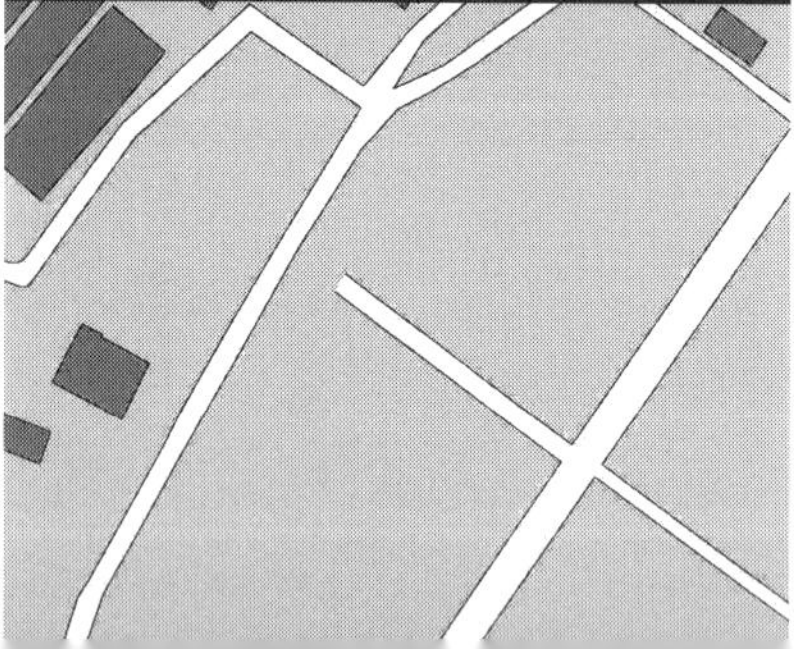

「なんかカーナビがおかしいんだけど」

「あ、ホントだ」

本来なら現在地住所を表示されるはずのところが空欄になっている。エラーかな。ここへ来るまでそんなこと一度もなかったのに。

再起動しても、ナビは誤作動したまま。あちこち車を移動させても空白のままだ。

「いったん、大通りの向こうに戻ってみる？」

車が一角の外に出ると、住所は正常に表示された。で、中へ戻れば再び住所は消えてしまう。オカルティックな解釈をしたいところだが、カーナビがこの地の住所を登録ミスしただけと考えるのがスジか。

車を下りて町中を歩く。路地の向こうから、白い犬と散歩中の中年男性が歩いてきた。挨拶しておくか。

「こんにちは」

男性は何も言わず、視線だけをチラチラ投げかけて去っていった。続いて、これまた犬と散歩中の中年女性が。

下のスペースに地名が出るはずなのだが

「こんにちは」

「……」

会釈も返ってこない。まるっきり不審者扱いじゃん。平日の昼間に私服の男2人じゃしょうがないけどさ。

道の真ん中にカラスの死体

通りかかった民家の軒先に車が放置されていた。タイヤとナンバープレートがついてない、廃車同然の状態だ。

その先の青空駐車場でもまた廃車に出くわした。3台、数珠つなぎに。いずれもナンバーはついているが、タイヤの空気は抜け、車内にはゴミやガラクタがこれでもかと詰め込まれている。ずいぶん前から放置されてるようだけど、駐車場の管理者は撤去しないのか。

おや、ずっと先の路上に落ちてる黒くて小さ

カラスが死んでる

な物体は何だ？

ずんずんと近づき、そいつの正体を理解した瞬間、ゾッと寒気が走った。カラスの死骸である。

死んだカラスを見るのは初めてだ。車に轢かれるような生き物でもないのに、どうしてこんな住宅街のど真ん中で？

「餓死かな？」

「生ゴミいっぱいあるのにそれはないでしょ」

「じゃあ、何だよ」

「…………」

結局、ネコが襲ったという結論でまとまった。カラス対ネコの争いは珍しくない。

目の前に小さな児童公園が現れた。すべり台のそばに、さきほどすれ違った犬の散歩おじさんが佇んでいる。また無視されるのも気分悪いので、目を合わせぬよう公園を通過。

曲がり角に差しかかれば、気の向くまま右へ左へ。それにしても、特に変わったところのない住宅街だ。どうして地図から漏れたんだろう。ミスだな、こりゃ。

あらかた歩き終えたところで何気なく後ろを振り返ると、また遠くのほうに白い犬と男性の姿があった。チラチラこちらを見ている。

どうにも尾けられてる気がしてしょうがない。二人三脚のような早足で先へと進む。角を右、次は左。もっかい右。さあ、さすがにもうおらんだろう。どうだ。いた。近づきすぎず遠すぎずの距離を保って、犬を連れている。俺ら、途中で駆け足になってたのに。

こうなりゃ用件を聞いてやれ。ヨソの住宅街にのこのこやってきた側が用件を尋ねるのもおかしな話だけど、ま、いいや。

「あの〜、スイマセン。何かご用ですか？」

「チッ」

舌打ちして、男性はその場を立ち去った。

空き巣の類と勘違いされてたのだろう。俺ら、見た目、あんま善人っぽくないし。

「どこから来たの？」「何か用事で？」

お次の訪問場所も、やはりその場所だけ住宅街から切り取られたような空白となっている。車でざっと界隈を一周してみた感想は〝ごく普通の町並み〟だ。民家の他、個人経営の小さな飲食店、たばこ屋、昔ながらの銭湯などが立ち並び、どことなく昭和の懐かしい香りが漂うあたりなど、俺好みだ。

年季の入ったシブい定食屋を発見した。開けっ放しの引き戸から、薄汚れた店内の様子が見える。経験上、こういう店って美味いところが多いんだよな。ちょうど昼時だし食ってくか。

「こんちは〜」

景気よく店の中へ。先客は作業着姿の中年男性、ジャージを着た30前後の2人組女性、老婆の4人。奥の厨房にいる中年女性が店主のようだ。

その5人が、俺たちの声に振り返り、一様に妙な表情を浮かべた。誰？　何しに来たの？　とでも言いたげな感じだ。普段は地元の人間ばかりで、めったにヨソ者は食べにこないのだろう。

店主がお盆を持ってやってきた。

「どこから来たの？」

「東京です」

「何か用事で？」

地図の空白地帯………③
新しい住宅地なのかも

「ええ、まあ」

「お知り合いがいるとか？」

「いえ、この辺り、地図が真っ白になってたので気になりまして…」

「へえ、知りませんでした。そうですか」

会話はそこで途切れた。

男2人はやはり不審か

午後からは、つぶれた商店の前に車を路駐しておき、ぶらぶらと散策することにした。ここもまた、なんの変哲もない町のようだ。実家の近所を歩いてるような気にすらなる。まもなく、目の前にひどく荒れ果てた木造アパートが出現した。どうやら誰も住んでいない廃屋のようで、傍らに大きな看板が立てかけてある。

【不法投棄禁止】

敷地の外からひょいと中を覗きこむと、看板の存在をあざ笑うように、錆びた自転車や鉄くず、タイヤ、ぬいぐるみ、テレビ、パンパンになったゴミ袋など、ありとあらゆる廃

ひどいことを
するヤツが
いるもんだ

棄品がそこら中に散乱していた。

東京の住宅街でもこういう光景はたまに見る。住人がいないのをいいことに、ゴミ捨て場扱いされてしまうのだ。

ふと、窓から顔を覗かせていた中年女性と視線が合った。反射的に挨拶する。

「こんに…」

言い終える前にピシャリと窓が閉まった。やはり見知らぬ男2人が歩いているのは、どう見たって不審なのだろう。

結局ここも地図作成者の落ち度という結論で、散策を終えることにした。

車まで戻りかけて、足が止まった。見知らぬ中年男性が車の中をのぞき込んでいるのだ。

嫌な予感がする。

「あ、すいません。すぐどかしますんで」

男性がこちらに向き直った。

「ああ？　オマエか、こらっ！」

「すみません…」

「オマエ、どこかわかってんのかよ」

つぶれた商店と勘違いしていたが、どうやらまだ細々と営業していたみたいだ。ごめんなさい！

廃棄自転車は
ずいぶん
さびついていた

★

後日調べたところでは、ネット上の地図は、単純な間違いや記載漏れのケースが多々あるらしい。

そこにオカルトやなんらかの意味を期待しても無駄なようだ。

かつて〝悪地名〟だった町を歩く

リポート｜建部 博｜本誌編集部（当時）

「裏モノJAPAN」2014年11月号掲載

2014年8月、広島県広島市で大規模な土砂災害が発生し、多くの方が被害に遭われた。豪雨によって引き起こされたその惨劇は連日ニュースで取りあげられ、自然災害の脅威をまじまじと思い知らされたものだ。

そのさなか、ワイドショーで気になる報道があった。土砂災害でもっとも大きなダメージを被った広島市安佐南区・八木に住む男性が、インタビューでこんなことを言っていたのだ。

「(ここは昔)蛇落地《じゃらくじ》悪谷《あしだに》、と呼ばれてたんだ。今は現代風の住所だけどね」

蛇落地悪谷。なんでも「蛇が大量に滑り落ちてくる水害が多発していた悪しき谷」を意味するのだとか。

番組によればこの旧地名、さほどにもろい地盤を持つ場所であることを後代に知らしめようとして名付けられたそうだ。

このように、先人が自然災害の多発ぶりをあらわすために名付けた、いわば『悪地名』は、全国各地に存在している。現在ではその大半が地名変更されているが、地形や地質に変化がないのならば、まだ自然現象の猛威は消えていないのではないか。

『ゴー』ってすごい音がするときあるのよ

まず最初に訪れた場所の旧地名は蛇崩《じゃくずれ》だ。由来はその昔、この地でたびたび起こった川の氾濫にある。

大雨のたびにあたりを流れていた川が氾濫し、川から溢れた水流が平地を侵食していく様が、あたかも大蛇が暴れ動いているように見えたことから名付けられたのだとか。

現在はごく普通の住宅街で、町を東西に貫く遊歩道に向かう形で、いくつもの下り坂がつらなっている。大蛇のような川はどこにも存在しない。

最寄り駅から歩くこと10分、交差点が現れた。蛇崩交差点だ。仰々しい名前とは裏腹になんてことのない光景が広がっている。道路に面した弁当屋や銭湯はごく普通に営業しており、親子連れや子供たちも楽しそうだ。交差点から少し外れた場所に、遊歩道の入口と看板を発見した。

〝蛇崩川緑道〟

交差点や川には
旧地名が残っている

どうやらこの歩道の真下（地下）に川が流れているらしい。この川こそ、かつて氾濫を繰り返した元凶のようだ。現在は下水となり、その上にフタをするような形で道が作られている。

遊歩道の両脇には木々が生いしげり、隙間から陽光が差しこんでいる。実に気持ちいい散歩道だ。

向かいからご婦人が近づいてきた。少し話を聞いてみよう。

「こんにちは。ちょっとこの町についてお伺いしたいのですが」

「はい、どうしました？」

「昔は川が氾濫して大変だったようなんですけど、いまはそういったことってないんです

この下に蛇崩川は隠された……晴れの日は不穏な音など聞こえない

かね？」

「ああ、蛇崩川？　地下にありますからねぇ」

ご婦人は過去の地名を知っているらしい。

「大雨のときでも別になにかあるわけじゃなさそうですね」

「そうねぇ。あ、でも『ゴー』ってすごい音がするときあるのよ」

「音？」

「それが怖くて。川に雨水が流れ込んでる音だとおもうんだけど」

台風や梅雨の時期、付近を通ると唸るような音が響いているのだそうだ。それを中高生が心霊現象みたいに取り上げて怖がったりもしているらしい。

先に進む。遊歩道の左右に一軒家やアパートが点在している。川が氾濫していた当時では考えられないことだろう。

見上げればアパートの2階に男性の姿があった。

「すみません、ここら辺の住み心地を聞いて回っているのですが」

「え？　うん」

「大雨のときなんかに大変だったと聞いたんですけど、実際どんなものなんでしょう？」

男性は笑いながら答えてくれた。そんなの昔の話でいまは特に問題はない。このあたりは坂が多いから雨の日はすっころんでケガする人もいるけどねと。

それもそうだ。でなければこんなに住宅街が発達するわけがない。

遊歩道がいったん途切れる、コンクリート舗装されていない部分で、最初のご婦人の話を思いだして地下に耳を澄ましてみるも、おどろおどろしい音は聞こえてこなかった。

クルマが押し流されるなんて

しばらく同じような景色が続き、目の前に公園が見えてきた。ジャングルジムとブラン

雨と坂の合わせ技に困ってる方が多いようだ

コだけの狭いスペースに子供たちが大挙している。

子供を遊ばせているママさん連中がいた。

蛇崩の由来を説明したところ、一人が素っとん狂な声をあげた。

「知らなかった〜！　そういう土地なんだぁ。あ、だからか！」

「だから？」

「川は関係ないかもしれないけど、道がボコボコしてる場所があるんですよ、台風のときとかそこらじゅうに水溜りができて、ウチの子がそれにハマって大変だったことがあって」

同調するように他のママさんも声をあげる。同居してるお婆さんが大量に流れる雨水のせいで転んでケガをしたとか、水溜りのせいで道路が封鎖されて子供が学校から帰ってこれなかった、などなど。

「水溜りポイント」はすぐ近くにあるそうなので行ってみよう。

教えられた通学路は急勾配の坂道だ。しばらく雨が降っていないので水溜りは見えないが、たしかにくぼんでいる箇所が複数あり、大雨が降ったら子供やお年寄りには厳しい道であることが容易に想像できる。

そこにクルマが入ってきた。坂の中腹にあるガレージに駐車しようとしている。

「すいません、ここらへんって雨の日の運転は大変だったりしますかね？」

運転席の男性は間髪いれずに答えた。

「台風のときに家の前（坂）にクルマを停めてたら、ハンドブレーキしてたのにズルズル下がってったときがあって焦ったよ」

雨の量と坂の角度によって引き起こされたのだろう。クルマが押し流されるなんて。

男性によれば坂の上から流れてくる雨は、足のすねほどの高さになることもあるそうだ。

まもなくして旧蛇崩エリアをあらかた歩き終えた。現在では地下に潜った川が氾濫することはありえないが、大雨の日はそれなりの大変さがあるようだ。

台風のときは絶対外に出るな

続いて向かうのはかつて、悪土《あくど》と呼ばれた町だ。由来は「悪い土」からきているらしい。河川の氾濫が頻発していたようで、地盤がゆるいためにこう名づけられたのだ。

地図を確認しよう。北側に流れる大きな川と、西の森林に囲まれた一帯が旧悪土地域だ。東には国道、南にはゴルフ場があり、中心には民家がぽつぽつとある程度で世帯数はあまり多くなさそうだ。

いざ現場へ。地方によくあるパチンコ店やサラ金のＡＴＭが点在する国道から森林方面に向かう。

田舎道を進むも、なかなか人とすれ違わない。ときおり地方特有の古びた大きな一軒家などは見えるのだが。

しばらく歩いていたら平屋があらわれた。看板には「公会堂」とあるが、扉は閉まっておりﾞ人の出入りは見えない。

遠くから自転車が近づいてきた。ヘルメットをかぶった男子中学生だ。

なんてことない田舎である

「こんにちは」

「はい」

「この辺に住んでるの？」

「はい」

「大雨のときに川から水が溢れて大変、みたいなことってある？」

おそらく現在ではそういったことはないと踏んでの質問だったが、意外な言葉が返ってきた。

「はい、ときどき」

「え、川から水が流れ出たりとか？」

「はい。それで学校の近くが通行止めになったりするんで」

「へえ。危ない目にあったりしたことはある？」

「僕はないですけど…」

「そうなんだ」

「でも台風のときとかは学校から『絶対外に出るな』って言われてます。川に流された人がいたんで」

つい昨年、台風の時期に川が氾濫し、学校の先輩（男子生徒）が流されたという。すぐに自力で堤防まで上がったために大事には至らなかったそうだ。

何人も川に流されてるんでね

先を進もう。次第に周囲は大きな木に覆われ、森の入口にたどりついた。そばには小川があり、透きとおったキレイな水がチロチロ流れている。

しゃがんでその流れを見ていたら後ろから声が飛んできた。

「気をつけてよ！」

振り向くと『監視員』のベストを着た男性が立っている。

「転んで落ちないように、気をつけないと」

鬼気迫る表情のワケをたずねてみれば、この小川では、遊んでる子供たちが足を滑らせて落っこちることが多々あるらしい。

この取材の前日、ここらへんは一日中雨が降っていたそうだ。そしてオレがいま立っている川べりがその影響で崩れてしまう可能性があるため、注意したのだとか。

なるほど、すぐ近くに看板が立っている。

〝入ってはいけません〟

たしかに事故が起こっている証拠と言えよう。この男性は、森の中にあるバーベキュー場の監視員さんなのだが、ときどきこうやって小川の付近まできて、見回っているのだ。

こんな小川でも危険だそうだ……このような看板が

　そのまま森の奥へ。川沿いのバーベキュー場が見えてきた。

　お客さんはいない。いや、正確にはバーベキューをやってる人はいないが、川に入って遊んでいる親子連れがちらほらいる。水着姿で遊ぶ子供達と、それを見守る親御さんたち。微笑ましい光景だ。

　川で遊んでいて危険なことはないかたずねたところ、「雨の日は危ないから近づくわけない」とのことだ。

毎年流される人がいる川……

ここで先ほどの監視員さんがまた近づいてきた。

「危ないからバーベキューをやる人は少なくなったよ。何人も川に流されてるんでね」

このポイントは毎年1、2人が川に流されている危険な場所なのだと言う。『この先台風・豪雨時　冠水のため通行止め』の看板もしっかり立ててある。

森から引き返して悪土の中心部へ。広い田んぼで腰をかがめて作業中のおばさんに声をかける。

「このへんは土が悪いって聞いたんですけど、そうなんですか？」

「ええ？　まあ、悪いよ。水はけが悪いよ。ホント」

「田んぼは大丈夫なんですか？」

「まあ、なんとかね。でも農家は昔っから少ないね。いまはウチともう1、2軒くらいじゃない。水はけが悪いんだよ」

この田んぼもヨソから土を持ってきて固める、みたいな措置をしてなんとかやれているとこぼすおばさん。

さらに、おばさんは苦々しい顔をしながら語ってくれた。

「床下浸水もときどきするしねぇ。あ、昔、外から来た人に『こんな危ないとこ住んでたらダメ』って言われたよ。あくど、あくどってバカにされてさ、頭きちゃうよ」

山肌がね、崩れるんですよ

最後に向かうのは旧地名、裏土腐《うらどぶ》である。洪水多発地帯で、辺りの土が常にドロドロでドブのようだという理由で名づけられたらしい。

地図によれば旧裏土腐地域は、南に川、北側に小高い山がそびえている。川の氾濫にくわえて、山から雨水が流れ下りてくることでたびたび水害に悩まされていた町だと考えられる。

最寄り駅を降りたところで周囲を見回してみる。むろん地面にドブなど見あたらず、舗装された道路が続くばかりだ。

山側に向かって歩き出し、すれ違う方々に聞き込みをしてみた。全員が過去にドブだなんて地名がつけられていたことを知らず、ドロドロ地帯なんて存在しないと言うばかりだ。

やはり整備が進んだ現在ではドブと形容された名残はないのだろう。

そのまま歩いていたら高い壁に突き当たった。これが例の山か。

山肌に沿って続く道を歩いているうちに、山に入っていく小さな階段が見えた。

上がった場所にあったのは、仏が彫られた石像だ。線香と花がお供えされている。さらにすぐ近くに7、8つほどの墓石が。

階段を下り、再び山に沿って歩く。しばらくして一軒家が現れた。開かれた窓の奥に男性の姿が見える。

崖崩れで亡くなった方々のお墓だという

「こんにちは」

「お、はい」

「あの、ここらへんって裏土腐《うらどぶ》って呼ばれていたらしいのですがご存知ですか？」

「ああ、うん、知ってますよ」

「昔は洪水なんかで地面がドロドロだったらしいんですけど、今はどうなんでしょうか？」

「大丈夫だと思いますよぉ」

「そうでしたか」

「そこの山は崩れてくるけどねぇ」

崩れる？

「山肌がね、崩れるんですよ。雨がたくさん降ると、ときどき」

むきだしになった山肌が崩れてくるって、それ怖くないのか？

「怖いよ。大きな岩がすぐそこに転がり落ちてきたこともあるんだから、大雨のとき。怖いっちゃ怖いけど、親からもらった家だから手放すわけにはいかないよねぇ」

さらに男性は続ける。雨水が山から流れてきて床下浸水になったことも1度や2度じゃ

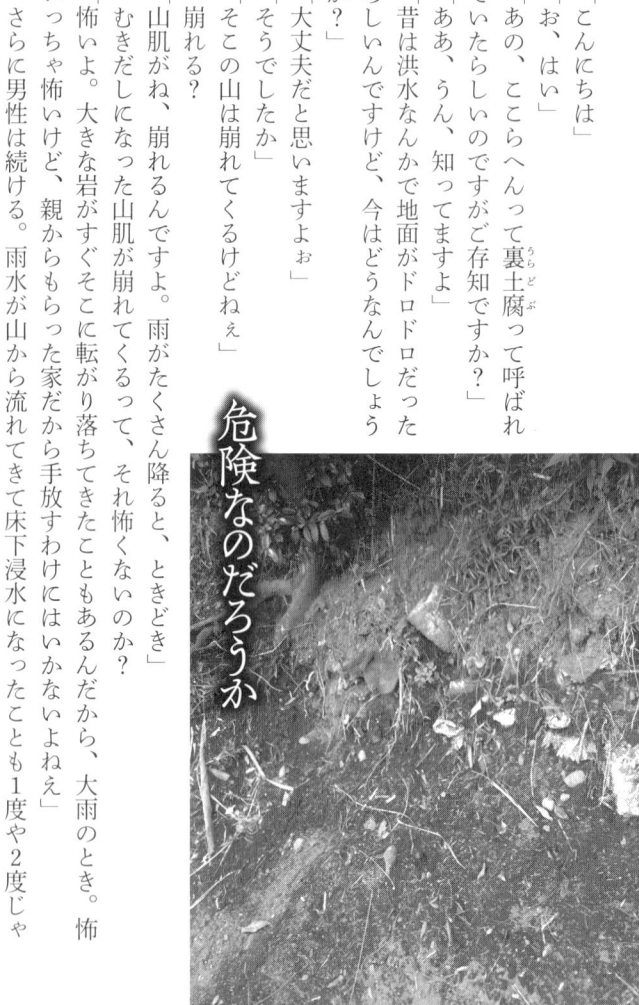

ないと。

このへんには住まないほうがいいよ

また歩きだしたところで視界が開けてきた。国道にぶつかったためだ。道路に沿っていくつか高層マンションが並んでいる。

その先に川が見える。いつの間にか駅の周辺をぐるっと周っていたのだろう。あっ、中学校があるぞ。

土曜日なので校内や校庭に人は見あたらない。その代わりに近くの路上で子供たちがサッカーをしていた。

「ここらへんって雨のときに川が溢れてきたりするのかな？」

「ときどきしますよ！」

「怖い思いとかはしないの？」

「しないしない！」

「山のほうはヤバイですけど」

「ヤバイって？」

「がけ崩れみたいな、石が落ちてきたり！」

さっきの男性が言ってたのと同じだ。

「墓もありますよ！　あれ、がけ崩れで死んだ人のなんで」

もしかしたらと思っていたが、やっぱりそうなのか。

さらに川のほうへ向かう途中で赤ちゃん連れのご夫婦に話を聞いたところ、梅雨の時期は道路が冠水して小学校が休校になることがあるらしい。自転車通勤のお父さんは家の前の道が水浸しで仕事に行けないこともあったとか。

川にぶち当たった。水位は低く、流れも穏やかだ。

しかしそばには『雨の日は近くで遊ばないように』との看板が設置されている。大雨が降ったら急激に増水するのかもしれないと思ったら急に不安になってきた。空は曇っており、今にもぽつりときそうなのでなおさらだ。

そんなことを考えていたら川沿いを散歩するご老人が見えた。

「お尋ねしたいのですが、大雨のときに怖い思いをしたことってありますか？」

「え？　ありますよ。あのね、川から水が溢れるのと、山から水が流れてくるんでねぇ…」

ご自宅がちょうど川と山の中間あたりに位置しているそうで、数年前、床下浸水、道路水浸しで1日家から出られずに大変だった、とくすくす笑う。

「水がひいたから良かったけどね、あのままだったらどうしたらいいのかわからなくてすごく怖かったですよ。このへんには住まないほうがいいよ、アハハ」

地区急傾斜地崩壊危険区域
治水事務所
この区域内での、のり切
採等を行う場合は、知事の
すから、左記へお問い合
何事もなければいいのだが……

な村を歩く

日本の田舎はしばしば閉鎖的だと言われる。わからん話ではない。

住人全員が顔見知りだとか、独自の価値観やルールみたいなものが存在するだとか、そういった地域にふらりとよそ者がやって来れば、何かしら警戒されるであろうことは容易に想像できる。

閉鎖的

だが、世間には、そんな一般の田舎町とは比べものにならない、極度に排他的な集落もいくつか存在するらしい。

編集部に情報が寄せられた3つの地域。そこでは、いずれも部外者に対して露骨な警戒を示し、ときに暴力的な言動で接触をはかってくるというのだ。

面白いではないか。そんなサスペンス映画に登場するかのような集落が実在するだなんて。これらの土地に行けば、どんな歓迎が待っているのだろう。石がポンポン飛んできたりするのか？

リポート｜藤塚卓実｜本誌副編集長

「裏モノJAPAN」2015年10月号掲載

◆第一の村―――茨城県R市I町

農家のバーサンが「もう、あんたは…」

情報提供者は以前、知人宅を訪れる際、偶然、この町に迷いこんだことがあるという人物だ。彼によれば、住人の1人に道を尋ねようとしたところ、いきなり、こんな罵声を浴びせられたらしい。

「なんでよそ者がウロウロしてんだ。アンタが歩いていい道はここらにゃひとつもねえ！」

すさまじい縄張り意識という他ない。道を尋ねたくらいで、フツーここまで怒るかね？

東京からレンタカーを飛ばして2時間、I町に到着した。そのまま車でぐるっと辺りを見回ってまず思ったのは、ごく普通の農村だなという感想だ。周囲を田畠に囲まれ、うっそうと生い茂る巨大な森林がところどころに点在し、その合間

のどかな田園風景が広がる

に古ぼけた民家群が寄り添うように建ち並んでいる。あまりにのどかな風景だ。

ただひとつ、気になることが。I町の近辺にはいくつかの立派なゴルフ場や、宅地開発されたモダンな雰囲気の町も多くあり、I町だけがすっぽり時代から取り残されているかのような印象を受けるのだ。その意味では、外部から隔絶した土地であると言えるのかも。

車を降りて実際に集落を歩いてみることにした。強烈な日差しの中、てくてくと散策するうち、前方から腰の曲がったバーサンがやってきた。軽く緊張が走る。いきなり「よそ者が〜」と暴言を吐かれたらどうしよう。

彼女との距離が10メートルにまで縮まったとき、ふと目が合った。思わず声が出る。

「こんにちは。暑いですね」

その途端、バーサンは一瞬、ギョッとした表情を見せ、次に「あら、あら」と困ったような声をだして脇道に逃げ込んでしまった。時折、こちらを振り返りながらひょこひょこと体を揺らして去っていく。なぜに慌てて逃げる？　おれ何かやらかしたっけ？

それからしばらく、町の集会場の前を通りかかった折、また別のバーサンに遭遇した。格好からして農家の方に違いない。

彼女はこちらの存在に気づくと、慌てたように視線をそらし、何事もなかったように歩いている。待っていても何かが起きる気配はないので、こちらから声をかけてみることに。

「こんにちは。この辺りの方ですか？」

「………」

「のどかでいいところですよね」

「………」

一緒に歩きながら話しかけるも返事はない。そしてなぜかやけに険しい表情だ。怒ってる？

と、その時、彼女がピタリと足を止め、キッと顔を向けた。

「もう、あんたは…」

そこまで言いかけると、バーサンは小さく舌打ちをしてまたスタスタと歩き出した。彼女はどんな言葉を投げかけようとしたのだろう。

「はやく出ていった方がいいよ」

散策は続く。

民家と民家の間を走る、異様に狭い生活道路を過ぎた先に、田んぼが広がっていた。は

るか遠くまで立派に育った稲穂が、生き物のように風で揺れている。

「どっから来なすった」

いきなり耳に誰かの声が飛び込んできた。驚いて振り向いた先には、麦わら帽子をかぶったジーサンがニコニコと微笑んでいる。あービックリした！

「えっと、東京からです」

「ふうん。この町に何か用事でもありなさるのかい」

「いえ、特に…」

その瞬間、ジーサンの顔からすっと笑みが消えた。

それ以上は何も聞かず、ジーサンはぷいっと去っていった。

その後、道端で小さなほこらを見つけ、カメラに収めていたときだ。どこからともなく現れた作業着姿のオッサンが足早に近寄ってきた。

「あれ、アンタ、たしか[redacted]さんとこの甥っ子だっけ？」

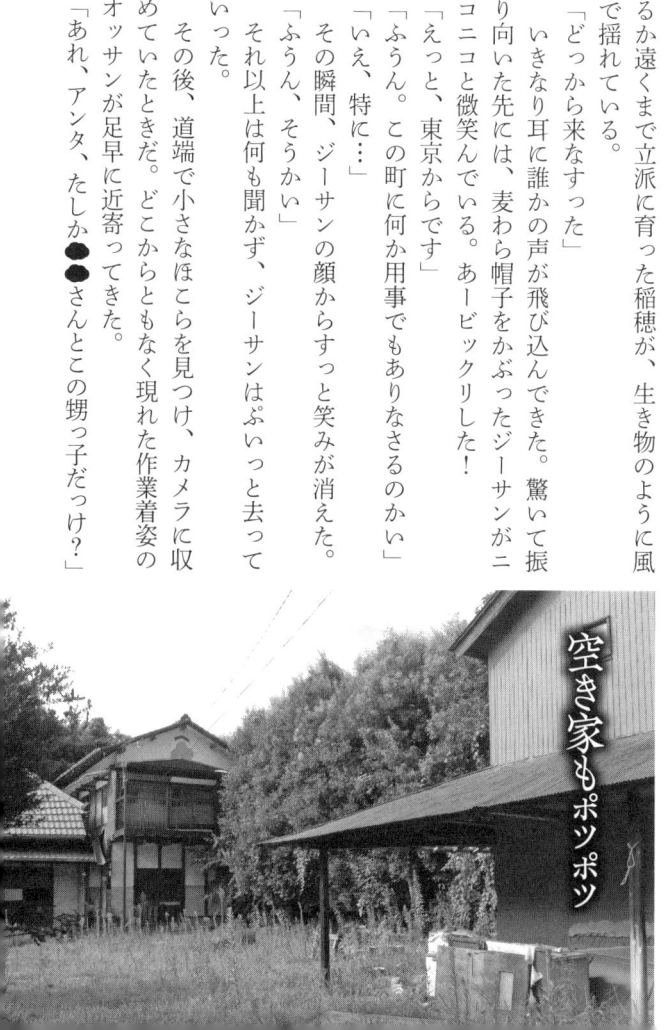

愛想はいいが
やたらと探りをいれてきた

「え、違いますけど」

「違う？　じゃ誰だっけ？」

「ただの通りすがりです」

みるみる男の顔に不審の色が浮かびだす。

「通りすがり？　こんな辺鄙なところで？　どっから来た？」

「東京ですけど…」

言うと、オッサンは「ふうん、東京かぁ…」とひとりごち、去り際、あらためておれの全身を舐めるように視線を走らせてからこう言い残した。

「用もないのによその町をウロウロするのは感心しないな。はやく出ていった方がいいよ」

驚いたことに、似たような展開はその後、2、3回ほど続いた。オッサンやジーサンがいきなり声をかけてきては、こちらの素性をストレートに探ってくるのだ。

とはいえ特に威圧的な態度で迫られたわけでもなく、質問に答えれば素直に納得はしてくれるものの、彼らの、おれに対する扱いはやはり完全に不審者のそれだ。にしてもなぜ？

周囲に振興住宅街が増えていく、つまり、よそ者の流入が増加していく過程で、もともとの閉鎖的な農村気質に拍車がかかったと考えるのが合理的な理由だろうか。

◆第二の村――愛知県岡崎市N町O

「勝手に入ってくんな!! ほら帰れぇ！」

目的の場所は、N町のはずれにあるOと呼ばれる地域なのだが、ここに関する噂がちょっと穏やかではない。近隣に住む情報提供者の言葉を借りれば、

「知らない人間が行くと、すぐ警察に通報されるんですよ。怪しいからって。聞いた話だと住人から袋叩きにあった人もなかにはいるみたいですよ」

これはさすがに大げさ過ぎやしないか。いくら何でも袋叩きって。でも、火のないところに煙は立たないとも言うしな…。

遠方の取材につき、ひとまずN町内の旅館（Oとは異なる地域）に宿泊予約を入れることにした。

「あの、明日そちらで一泊したいんですが」

直後、予想もしないリアクションが。

「ええっ!?　何しに来られるんですか？」

驚いたのはむしろこっちだ。旅館を予約するのに用件まで

聞かれた経験などいまだかつてない。

「いや、まあ、観光ですけど…」

「…はあ。かしこりました。大丈夫ですよ」

「じゃ、お願いします」

電話を切る直前、また相手が遠慮がちに聞いてくる。

「あの、でも、何しにいらっしゃるんですか？」

「いや、だから観光ですけど」

「うーん、そうですか」

どういうことだろう、この謎の対応は。旅館のくせに、よっぽど宿泊客が珍しいらしい。

翌日、新幹線と在来線を乗り継ぎ、さらにはバスを使ってようやく旅館に到着した。特に変わった様子もなく、フツーに受付を済ませて荷物を置き、タクシーを呼んで問題の0へ。

集落はかなり山深い場所にあった。果てしなく伸びた山道に沿う形で民家がポツポツと建ち並んでおり、見たところあたりに人影はない。目の前の雑木林からはカナカナカナとひぐらしの鳴き声が聞こえる。

山道を上に向かって歩いてみた。しかしいくら進めど人の気配はなく、何気なく足を止めたタイミングで、視界に異様な光景が。山道の側面からせり上がった崖のような場所で、1人のバーサンが壁にへばりついているのだ。あんなとこで農作業でもしてんのか？

バーサンはなぜ怒ってたのか？

「こんにちは〜。何なさってるんですか？」

数秒ほど後、目を恐ろしくつり上げたバーサンから激しい怒声が飛んできた。

「何だオメーは！　帰れ！」

「…え？」

「帰れってってんだ！　勝手に入ってくんな!!　ほら帰れぇ！」

崖をもぞもぞと這いずりながら、バーサンは威嚇するように何度もこちらを睨みつけ、やがてヤブの中へと消えていった。あの人、何をあんなに怒ってたんだろ。怖！


「ここらの山から身を投げる人がいるんですよ」


バーサンの迫力に気押され、もと来た道を戻った。途中、犬を散歩するジーサンとすれ違ったので、緊張気味に頭を下げる。

「こんにちは」

「はい、どうも」

ニコリと会釈を返し、そのまま通り過ぎるジーサン。どうやら何事もなさそうだ。

その後しばらくして、今度は農作業着姿のオッサンが前から歩いてきた。よし、また挨拶だ。

「こんにちは」

「やあ、こんにちは」

オッサンは笑顔ですれ違ってい く。いささか拍子抜けした気分になった。何だかぜんぜん、閉鎖的な空気がないんですけど。

ふと目の前に、先ほど通ったときには気づかなかった脇道を発見した。先へ進んでみると、奥は行き止まりになっており、巨大なゴミの山がそびえている。おそらく不法投棄されたものだろうが、異臭がハンパない。うっすらと生き物の焼けたようなニオイまで混じっているように思えるのは気のせいだろうか。おえっ、胸がムカムカしてきた。

たまらずゴミ山を退散し、もとの山道に戻った矢先のことだ。何気なく後ろを振り返ったところ、さっきすれ違った犬を連れたジーサンと農作業着姿のオッサンが、30メートルほど離れた場所で並んで立っている。どうやらあの2人、知り合いのようだが、何でこっちをチラチラ見てるんだろ。

嫌な予感がした。もしや監視されてる？　小走りになって先へ先へと進む。やがて立派な石柱のある神社までたどり着いたところで息が上がり、ようやく足を止めた。ハアハア、もうこれでおらんだろ。けっこう走ったからな。

まだいた。走り出す前とほぼ同じだけの距離を保って、依然とこちらの様子を伺ってる。

さすがに恐怖心がこみ上げ、思わず叫んだ。

「あの〜、何かご用ですか？」

返事はない。男たちは無言でしばし顔を見合わせた後、ゆっくりと山道を引き返していった。

いったいこの集落の不気味さは何なんだろうか。宿へと向かうタクシーの中で、今日の出来事をかいつまんで説明すると、運チャンが興味深い話を口にした。

「ときどき、ここらの山から身を投げる人がいるんですよ。だからきっとお客さんも自殺するんじゃないかって勘違いされたんじゃないんですかね」

その夜の宿でも、とりたてて冷たい対応はなかった。

◆第三の村――――京都市K区K町

集落への入口は二箇所のみ

最後は京都に存在する特殊な集落だ。特殊というのは、そこが砂防ダムの内側の土地を不法占拠して出来た集落だからに他ならない。

ちなみに砂防ダムは、大雨などで氾濫した川の土砂や水をせき止め、町に流れ込まないようにするための防災施設だ。そのダムの内側に集落を作れば、当然、災害が起きるたびに大変な被害を受けるわけだが、なにゆえか、これまで大規模な川の氾濫はたった一度しか起きておらず（２０１４年7月）、現在も大勢の人間がダム内

で暮らしているんだとか。

さっそく現地へ。件のダムは閑静な住宅街のど真ん中にぽっかりと巨大な穴を開ける格好で存在していた。ダムの底には大小様々な民家が目視しただけでざっと20、30軒。掘っ建て小屋同然の粗末な家もあれば、鉄筋作りの立派な家屋まである。不法占拠した土地でなんと大胆な。

集落の中へ入るには、ダム周辺の民家と民家のスキ間を通り、その先にある階段を下りていくのが唯一の方法のようだ（確認したと

周囲より一段低い屋根は
すべてダムの内側に建っている

この通路から
ダムの中へ

ころ、このような入口は計2つある)。まるで秘密基地である。何も知らない人間なら絶対に見落としてしまうだろう。

集落の成り立ちの経緯は言うに及ばず、この一点だけ見ても、その閉鎖性はひしひしと感じられる。

ダムの底に出た。周囲をコンクリ壁に囲まれた風景はあらためて異様な印象を受けるが、見たところ、すでに空き家になっている民家も少なくないようだ。

すぐ側の住宅のドアがガタガタッと開き、中から野球帽をかぶったジーサンがにゅっと現れた。

「あ、こんにちは」

こちらの呼びかけにジーサンはゆっくりと顔を向け、そのまま表情をいっさい変えずにどこかへ歩き去った。痛快なまでの無視っぷりだ。

そのすぐ隣りの家では、半分乳を放り出したバーサンが玄関先で水をまいている。彼女にも話しかけてみよう。

「こんにちは。水まきですか。涼しくていいですね」

一瞬、チラッとこちらに向けた視線をすぐに戻すバーサン。めげずに言葉を投げ続けてみるが、ついに返事はひと言もなかった。

「そっとしといてや、ワシらのことは」

これしきの冷遇ですごすご帰るわけにはいかない。さらに探索を続けよう。

ジメジメとぬかるんだ地面を踏みしめながら歩いていると、小川に行き着いた。いちおう橋はかかっているが、鉄板を向こうに渡しただけのひどく雑な造りだ。こんなのに乗って落ちないんだろうか。

橋の向こうから誰かがコンコンとこちらへ渡ってくる。坊主頭の大柄なオッサンだ。

「こんにちは」

「はあ、どうも」

お、この人は無視しなかったぞ。まあ、めちゃめちゃ警戒している顔つきではあるけど。

「なんか珍しい集落があるなあと思って、見て回ってるんですが」

切り出すと、オッサンは急にムッとして口を開いた。

「はあ？　もうそんな興味本位で来られたらかなんねん。そっとしといてや、ワシらのことは」

「といいますと？」

「この間もテレビ局の連中がここに来て、勝手にいろんなとこ撮りまくってたんや。ほや

水はけが悪いため、地面は常にぬかるんでいる

橋までかかってます

から軽くシバイたってんけど、結局、放送してもうて、そっからネットでの誹謗中傷がひどいねん。むちゃくちゃ書きよるやろ、あいつら」

オッサンの怒りをよそに、軽く感心してしまった。こんなダム底の集落でもネットが使えるだなんて。見た目とは裏腹、意外と住み心地はいいのかも。

「ところでみなさん、なんでこんなとこに住んでるんですか？」

「ワシの親世代が戦後のどさくさで住み始めて、そっからずーっと続いてんねん。ここらにおるのはみんな在日や」

「でもこれって、不法占拠なんですよね」

「知らんがな！　あのな、京都市はワシらに立ち退けとか1回も言うてないねんで。それにここの住人はみんなジジババばっかりやし、じき召されるやろ。ほんでワシの世代も死んでまえば誰もおらへんようになるわけやんか。だからもうほっとけや。アンタもはよ出てってくれ！」

よほど腹に据えかねてたのだろう。ロケット弾のような関西弁で思いの丈をぶちまけると、オッサンはスッキリとした表情で立ち去っていった。

新興宗教の町を歩く

勧誘の嵐!!

日本には大小あわせて18万もの宗教法人がある。信者の生活を著しく抑制して危険思想を植えつけるカルト宗教や、逆に個人の自由を最大限尊重するライトな団体まで、その実態は様々だ。

本稿で取り上げる関東某県の田舎町は、その地に本部を置く教団『X（仮）』の信者が多数暮らす、一種独特な町だという。もちろん町民全員ではないだろうが、大半が信者だとするならば、「独特」と称されるのも無理はなかろう。

リポート｜建部 博｜本誌編集部（当時）

「裏モノJAPAN」2015年12月号掲載

『X』の教義内容については、他の多くの新興宗教がそうであるように、部外者の目からはよくわからない。信じる者がいて、救われている者がいるのだろう、とは思う。

ただ、オレの興味の対象はそこではない。好奇心をそそられるのは一点のみ。そんな町にヨソ者が寄り付けば、いったい何が起きるのか？

「こんにちは！　お体に問題はない？」

2015年10月初頭の平日、午前11時。

Xが本部を置く町に向かうべく私鉄に乗り込み、ちっぽけな駅に降り立つ。

と、改札を出たところにいきなり、挨拶を奨励する大きな看板が。宗教法人Xの建物の写真がデカデカと添えられている。これが本部なのだろうか。にしても宗教施設ってのは揃いも揃って、豪華絢爛な作りをするのはなぜだろう。

駅前にはコンビニが一軒とラーメン屋があるぐらいで閑散と

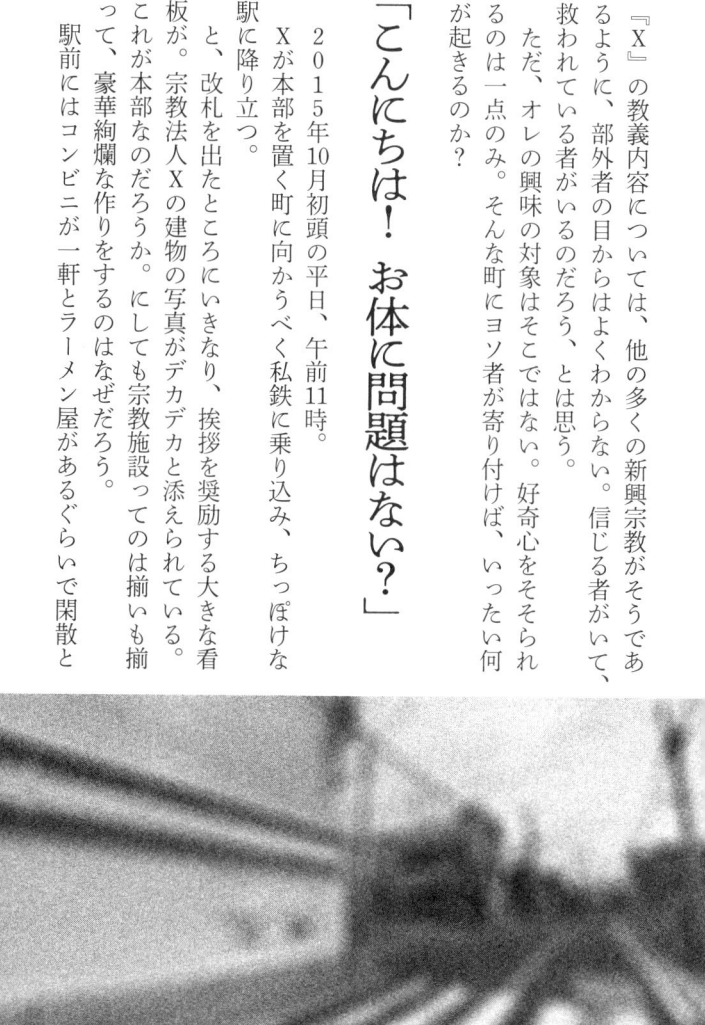

している。ここから10分ほど歩けばX本部だ。

線路とコンビニの間の細道をぼんやりと歩く。ときおり若い男女が歩いているが、特に不自然な点はない。

一級河川にかかる橋に差し掛かったところで私立大学の建物が見えてきた。なるほど、この人たちは学生なんだな。

キャンパスを右手にしながら道なりに進む。と、なにやら堅牢な門が見えてきた。その門へと向かう横断歩道に、白い道着みたいな格好のオジサンが二人で立ち、旗を持って誘導している。

「こんにちは！」

誘導のオジサンがこれでもかとデカイ声で挨拶してきた。

「あ、どうも」

「気をつけて渡ってね！」

横断歩道を渡ったところにいるもう一人もバカでかい挨拶だ。

「こんにちは！」

信者だろうか。デカイ挨拶は駅の看板に書いてあったように、Xの教えのひとつなんだろう。

堅牢な門は、やはり本部の入口だった。中へは入れないので、長い塀に沿って歩いてゆく。塀はひたすら向こうまで伸びており、終わりが見えない。

道着姿の男性が一定間隔で立っており、全員が「こんにちは！」の挨拶をしてきた。

また、歩いているのも同じ道着姿の人だらけだ。これがXの正装なのだろうか。今のところ私服なのはオレだけである。

5分ほど歩いてようやく、普通の格好をしたオバサンが前から向かってきた。近所の人だろう。

なんの気なしにすれ違う瞬間、耳元に大声が。

「こんにちは！」

「あ、こんにちは」

「いい天気ですね」

「ええ」

「お体に問題はない？」

なんだこの人。見ず知らずの男に挨拶してくるのも奇妙だが、なんでいきなりカラダの話をしてくるんだ。

思わず口をつぐむオレにオバサンは続ける。

「若いからまだまだ大丈夫だろうけど、歳をとったらいろいろ

出てくるし大変よ。そうだ、週末、時間ある？」

「いや、え？」

「そこに一緒に行きましょうよ。同じぐらいの若い人もいっぱいいるから楽しいわよ」

指がX本部を指している。勧誘か。にしても、ただすれ違った人間をいきなり誘ってくるなんて。オバサンの胸あたりになにか黄色い物体があることに気づいた。ワッペンだろうか。なにそれ。

「これ？『[redacted]バッジ』よ」

「なんですかそれ？」

「これを着けてるとね、血圧が下がったり勇気が出たりいろいろイイことがあるの。週末はヒマ？」

週末に行われる『集会』への誘いが続いた。そのなんちゃらバッジもそこで購入できるんだとか。

気を取り直して歩を進めるが、いまだに右手には教団の施設塀が続いている。

再びオバチャン二人組が正面から近づいてきた。これまた胸に黄色いバッジだ。そして大きな挨拶が。

「こんにちは！」

「あ、どうも」

「お体の調子はどう？」

またカラダか。それを言うのが決まりなんだろうか。

「ええ、まあ」

「あらー、今はいいけどね、歳とったらいろいろ出てくるからね。そうだ、週末時間あったりする？」

…胸がゾワっとする。この語り口、さっきのオバサンと一緒じゃないか。

ようやく塀がなくなり、さらに歩いたところで国道にぶつかった。パチンコ屋やチェーンの定食屋など、ありがちな田舎の国道沿いの光景が広がっている。

町内1周で集会へ誘ってきたのは7人

のっけから大きな挨拶で度肝を抜かれた形だが、本部沿いの道を歩いたのだから、当然といえば当然ともいえる。ここからは近くの住宅街のほうへ向かってみよう。

似た外観の建売住宅や、古ぼけた一軒屋、アパートなどが連

なるなんの変哲もない普通の住宅街だ。小さな公園や空き地もあるが、人の気配はない。平日の午前ならこんなもんか。

ふいに腰の曲がった老婆が見えた。胸に例のバッジはない。この人は信者じゃないのかも。

が、挨拶がきた。

「こんにちは。今日は天気がイイねぇ」

「あ、そうですね」

「お体は問題ないかい？　お腹出てるけどお酒の飲みすぎ？」

「…ええ、そうですね」

「そうかぁ。いやあ、週末にねえ、近くで集会があるから行ってみない？　若い人も多くて…」

またその展開かよ。バッジをつけてない信者もいるんだな。

老婆はその集会とやらを詳しく説明してきた。

「集会はねえ、演劇とかねえ、皆で歌を唄ったりとか、ご飯食べながらお話したりねえ。楽しいよぉ」

典型的な新興宗教の集会だ。どこも同じようなことをやってるんだなぁ。

「ところでお婆ちゃんはバッジつけないの？」

「バッジ？　ああ、私はなくてもいいの。もうずいぶん助けられたからねぇ」

「助けられた？」

「前は足がねぇ、痺れてたんだよ。歩くのが辛かった時期があったんだけどね、バッジして集会に行って、色んな人とお話してたらいつのまにか痺れが落ち着いてきたの。バッジは家にあるけど、また痺れがぶり返したらつけようかなと思って」

よく聞きがちなエピソードではあるが、感心したフリをして婆さんとは別れた。

その直後、目の前から軽トラックが近づいてきた。横を通り過ぎるとき極端にスピードが落ち、運転席の窓が開く。現場仕事風のおっちゃんだ。

「バーカ!!!!」

は？　え、オレ？

軽トラは一気に加速して去っていった。

いったいなぜ罵られたのだろう。狭い道路とはいえ片側一車線ずつあるわけで、オレが邪魔したはずなどない。

モヤモヤしたまま直進。線路にぶつかったので左折。さらにしばらく進み、最初の駅前通りへ戻った。およそ40分ほどで、何度も勧誘されつつ町を1周したわけだ。

この1周で集会へ誘ってきたのは7人。どう考えても異常なペースだ。

その後2周目、3周目は住宅街の外周だけでなく内側の細道も含めてひたすら歩き、さらに20人ほどから勧誘された。

彼らの誘い文句はまず「カラダはどう？」と聞いてきて、週末の集会へ案内する流れで、その後はいくつかのバリエーションに分かれる。

「ご家族に病気とかストレスとかで悩んでるかたいない？」

「胸の病気が治った人がいる」

「〝参拝〟を続けて難しい病気が治った人がいるのよ」

「すばらしい場所があるから散歩がてら行ってみない？」

「気晴らしに参拝してみませんか？」

参拝とは先輩信者の話を聞くことらしい。にしても散歩がてらとか、気晴らしにとか、そんな口上でついていく人がいるのやら。

夜になり途端に人影がなくなったので町を後に。明日も歩き回るとしよう。

コンビニレジでも勧誘されるなんて

翌日の朝、再びX本部の最寄駅で降りたところで目の前のコンビニに寄った。レジに商品を置き、カバンから財布を出す。

　と、レジのおばちゃんがニコっと笑った。

「カラダ大事にされてます？」

　…まさか、この人も⁉

「432円です。このへんの人じゃないですよね？　見たことない顔だから」

「え、ええ」

「あら、素敵な表情ですね。でもね、私たちが行ってる集会、すぐ近くでやってるんですけどね。そこに行くともっとイイ笑顔になれるんですよ。はい、千円お預かりします」

「えーっと…」

「568円のお返しですね。今週末とかは空いてないですか？　ワタシ仕事お休みなんで一緒に行きましょうよ」

「いえ、その…」

「お住まいは近いの？　クルマあるからお迎えも行けますよ」

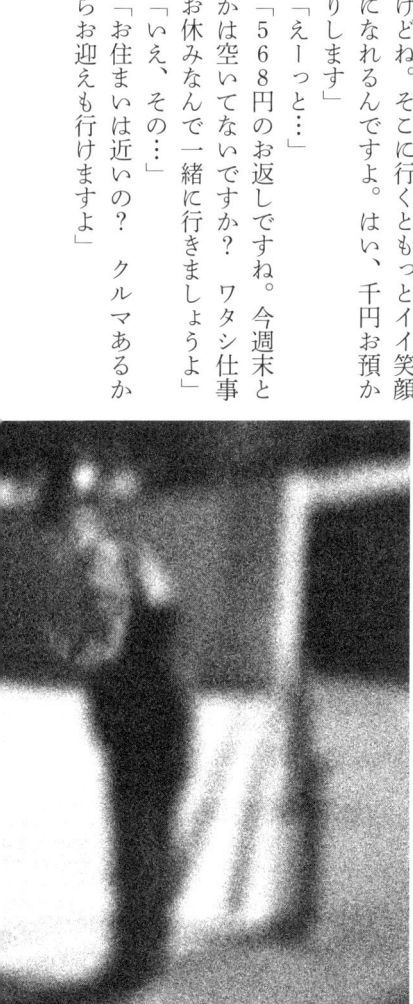

止めておきますと伝えて小走りで逃げた。コンビニレジでも勧誘されるなんて、油断できないな。場所的には本部（と昨日歩いた住宅街）からは少し離れているのだが。

昨日と同じく住宅街は閑散としている。が、ときどきすれ違う老人たちは、バッジをつけていようがいまいが関係なく、例のトークをぶつけてくる。

フラフラ歩いていたら妙な光景を目にした。80歳はゆうに過ぎているであろう老婆が、アパートと白い一軒屋に挟まれた道のど真ん中でお辞儀をしているのだ。

お辞儀を終え歩きはじめたので後を追う。100メートルほど進んだところで、再び深いお辞儀だ。周囲に人影はない。いったい誰に向かって？

「お婆ちゃん、こんにちは」

「ああー、こんにちは。カラダの調子はどうかな？」

あたりまえのようにそっちの方向に進みそうなのでそれを遮る。

「さっきお辞儀してたじゃないですか、誰に向かってやってたんですか？」

「アンタ会員さんじゃないよね？」

「Xのですか？　違いますね」

「そうか。私たちはね、門に向かって頭を下げることで、挨拶の最上級をやってるのね」

門に向かって挨拶？　最上級？

Xの教えでは挨拶がもっとも重要らしく、中でも色んな門に向かってお辞儀することが自らの幸福に繋がる良い行いとされているそうな。

「門ならなんでもいいんですか。民家とか、学校の門とかでも」

「そう。見かけたらお辞儀するの。最近の若い子たちはあんまりやらなくなっちゃったみたいだけどね、これは大事なことですから」

以降、注意深く観察してみた。ほとんどの人はお辞儀をしてないが、数人、門の前で頭を下げる人がいた。公民館の門、家の門などの前で、手を合わせながら。

お辞儀という行為そのものにマイナスイメージは含まれていないはずであるが、のどかな住宅街で、門という門に頭を下げる様子は、我々の日常的な行為でないだけに異様な印象を受けざるをえない。

停まってる車のほとんどにXのステッカーが

夕方、小さな児童公園のそばでバッジを胸につけていない女性とすれ違った。

挨拶してこないところから察するに、この人は信者じゃないのかもしれない。今回あえて自分から声をかけずにいたのだが、ここはいくべきだろう。

「あの、少しよろしいでしょ…」

「私はそういうの興味ないので」

食い気味に返された。勘違いしているようだ。無理もないが。

「いや、ちょっとお尋ねしたいだけで」

「え、勧誘じゃないんですか？」

やはり彼女はXの会員ではなかった。1年ほど前にここに越してきたらしく、住民からのたび重なる勧誘に困り果てているそうだ。

「ここらへん、信者じゃない人も住んでるんですね」

「いますよ。こういうところだって知らずに住む人もいますから」

「どのくらいの割合なんでしょうね？」

「うーん、まあ少ないは少ないですよね。新築で家建ててこっちに移り住んできた人とかは、だいたい会員ですからね。いきなりフランクに話しかけてきて気持ち悪いですよ」

引っ越してきてそうそう「一緒に参拝に行きましょうよ」と誘ってくる一家など、ご近所づきあいに苦労は絶えないという。

さて、初の非信者との会話。せっかくなので気になっていたところを聞いてみた。なぜ彼らがオレにだけ声をかけてくるのか、という点だ。

　他人同士が道ですれ違ってるのは何度も見たけど、そこから勧誘に発展している様子はない。だけどオレには必ずといっていいほど、集会に誘ってくる。信者か否かを見極めるポイントでもあるのだろうか。

「たぶん見ない顔の人には勧誘をかけてるんじゃないですか」

「このあたりの人は住人の顔を全部覚えてるってことですかね？」

「全部ではないと思いますけど。あとは挨拶してきたときのこっちの反応とかで判断してるんだと思いますよ」

　そういうことか。

「そうだ、そのへんの駐車場を見ればどれだけX信者が多いかわかりますよ」

　どういうことか。一軒の青空駐車場を覗いてみてその意味がわかった。停まっている車のほとんどに、Xのステッカーが貼られているのだ。

笑顔で近づいてきた他人には近づくな

　再び挨拶をしてこない女性を発見した。「すいませんちょっと」と近づいたら手をシッシッと払われたが、オレがXと無関係だとわかって安心した様子だ。

「とにかくね、入会してくれってウルサイんですよ。こっちは嫌だって何度も言ってるのに、次は人を代えてウチに来ておんなじ話をしてくるんだから。ストレスよぉ、ホント。で、ずっと断ってたじゃない？　そしたら一度すごい怖い思いをしたの」

「どんなですか？」

「友達と会うのに家を出たんですよ。そしたら何度かウチに来て勧誘してきた連中がね、後ろをつけてることに気づいたの」

　その4、5人の信者は20メートルほどの距離を保ちながら尾行を続けてきたそうだ。

「気持ち悪いけど、とりあえず電車に乗ったのよ。そしたらね、そいつらも一緒になって駅に入ってきて、同じ電車に乗ったの。車両は隣だったけど、こっち見ながらなにかしゃべってて…それで友達の住んでるとこの駅で降りたら、そいつらも一緒に降りたの。もう怖くて走って逃げちゃったよ。それでようやく見えなくなったんだけどね。異常でしょ？オカシイのよ」

夜、駅に戻りがてら、大学から出てきた兄ちゃんにも話を聞いた。X本部からすぐの距離にあるこのキャンパスでも勧誘行為は頻繁に見られるそうだ。

「とにかく笑顔で近づいてきた他人には近づくなって、学校では言われてますよ。ホント気持ち悪いんすよアイツらって」

現地にはこんな感情もある。とはいえ、信者、非信者、どちらがどうだと言うつもりはオレにはない。

「とにかくヨソもんがウロウロするな」

日曜日、例の集会が行われる日に、また町へ向かった。

本部に近づくにつれて白装束の人が増えてくる。

「こんにちは！」

「今日はよろしくお願いします！」

静かなはずの町に彼らの大声が響いている。人数はどれくらいだろうか。とにかくそこらじゅう信者だらけだ。

当然、オレにも幾度も勧誘の声がかかる。

「あれれ、体の調子は大丈夫？」

「ねえねえ、これから楽しいイベントがあるから一緒に行きましょうよ！」

「オレ、これから劇やるんで観に来てくださいよ！」

その圧力たるや半端ない。なんで演劇なんぞ観なきゃいけないんだ。

彼らは主にクルマでやってきているらしく、X専用の広い駐車場が埋めつくされている。ときおりどういうわけか白装束軍団を乗せたマイクロバスが走っており、中で楽しそうにトランプをやっている姿も。

住宅街の中も、前の2日間より人の姿が多い。当然勧誘もしてくる。テンション高めに。

バッジをつけた30代の女性は、オレの前で手を合わせた。

「今日はちょうど集会やってるから、お願いだからついてきて！　悪いようにしないから！　お願い！」

「…誰か連れていかなきゃいけないノルマとかあるんですか？」

「そんなのないわよ！　アナタに幸せになってほしいだけ！」

そうですか。お気遣いありがとうございます。

と、突然後ろから声が聞こえてきた。

「あれ、オマエ」

振り向けば見知らぬオッサンが立っている。

「こないだも来てなかったか？」

「え？」

「なんかウロウロしてただろ」

探るような鋭い視線だ。記憶にないけど、どこかで見られていたのだろうか。

「ああ、ちょっと散歩で」

「一人で知らない町を散歩？　イイ趣味だねぇ」

「別にどこを歩こうがオレの勝手でしょ？」

「ふーん」

にらみ合いが続く。

「とにかくヨソもんがウロウロするな。迷惑だ」

「アンタに言われる筋合いはないでしょ。オレは好きなところを歩くんで」

「ふーん」

男は去っていった。

精神病院のある街

リポート｜藤塚卓実｜本誌副編集長

「裏モノJAPAN」2016年1月号掲載

都内某所にあるその町は、一見、ごく普通の佇まいだ。駅前には商店や飲食店がこぢんまりと建ち並び、少し駅を離れると古い家と新築の戸建てがほどよく混じり合った住宅街が広がる。派手さはないが、ファミリー層にはおあつらえ向きの環境だろう。

しかしこの町には一点、普通の町ではまずお目にかかれないものが存在する。商店街や住宅街と隣り合う形で、巨大な精神科専門病院が横たわっているのだ。

入院患者数、およそ700人。そのうち軽症の患者は外出が可能で、また1日あたりの通院患者は400人を超えると聞く。つまり、大勢の精神病患者がそれだけ町中に溢れていると言えるわけだ。

どうにも好奇心が抑えられない。そんな特殊な町を尋ねれば、どのような光景が飛び込んでくるのか。そして、いかなる出来事が待ち潜んでいるのだろう。

「反省しろ！　ほら、男娼ほら！」

憂うつな曇り空の広がる2015年11月某日、午前9時。目的の駅を降りて歩き出すと、すぐさま目の前に妙な風景が現れた。大人の男性より少し高い鉄柵の壁が、末端が見えないほどはるか彼方まで伸びている。どうやら件の病院はこの鉄柵の内側にあるらしい。恐ろしく広大な敷地だ。

病院の外周に沿って進むうち、入口の門が見えてきた。監視カメラや警備員の詰め所があるあたり、いかにも〝らしい〟というか、かなり物々しい雰囲気だ。

そして、その門へ吸い込まれるように入って行く大勢の老若男女。通院患者なんだろうか。きっと中には病院スタッフも紛れているんだろうけど、これだけの精神病患者の一団を目の当たりにすると、嫌がおうにも気づかされる。生きづらい国なんだな、ニッポンは。

病院を離れ、隣接する住宅街に足を向ける。しばらくして、どこからともなく陽気な歌声が聞こえてきた。

「芸ぃの〜ためならぁ〜女房も泣かすぅぅぅ〜」

気持ちよさげにノドを鳴らしているのは公園のベンチに座る白髪のジーサンだ。思わず凝視すると目

ごくごく普通の街だけど……

が合い、手招きしてきた。…なんだ？

　やや警戒しつつ隣りのベンチに腰かけた途端、ジーサンが言う。

「何なのキミは。最近のダンショウは昼前から色目を使うの？」

「…え？」

　突然、何を言ってんだ？

「こらダンショウ、おい！」

「あの、ダンショウってあの男娼のことですか？」

「そうだよ。別に男娼が悪いって言ってるんじゃないよ。ただ、こんな明るい時間は不謹慎じゃないかなって思うでしょ。子供たちが見たらどうするの？」

　真剣に腹を立てているようで、ジーサンの表

情は険しい。しかし、どこか虚ろな目といい、意味不明な会話といい、おそらくやこの人は…。

「あの、失礼ですけど、あそこの病院に通われたりしてます？」

「うん、そうだけど」

ビンゴだ。って、別にうれしかないのだが。むしろよけい怖くなったんだけど。

ジーサンの口調が徐々に熱を帯びてきた。

「キミが男娼なら許すわけにはいかないな。ここはそういうことしていい場所じゃないからね。反省しろ！　ほら、男娼ほら！」

脅すように拳を突き上げてきたあたりで、ひそかに逃げの体勢に入りつつ謝罪する。

「あの、自分は男娼ではないです。まぎらわしくてすいません」

途端にジーサンがニタリと笑う。

「だから男娼は別に悪いことじゃないんだって。カワイイ顔してるんだからヒゲは剃った方がいいんじゃない？　頑張ってね」

いいのか悪いのか、結局どっちなんだよ。

「気になるの。ハッキリ言うと好きなの」

それからしばらくして、駅前の交差点で何やら妙な白髪ロングヘアーの婆さんが目に留まった。人の流れを無視するようにジッと立ち尽くしたまま動こうとせず、ただ虚空を眺めている。ボーッとしていた人が突然、瞬間冷凍されたみたいな案配だ。

信号が3度目か4度目の青になったとき、ようやく婆さんは動き出した。が、どうも動

作がオカシイ。抜き足差し足でゆっくり移動したかと思えば、今度は電信柱の陰に身を隠して何かを伺うような体勢に。彼女の視線の先には郵便局がある。はて？

悩んだ挙げ句、勇気を出して声をかけてみることに。

「あの〜すいません。何をされてるんです？」

「シッ！」

彼女はこちらを見向きもせず指を口に当てた。

「静かに。見つかったら大変よ」

「はい、静かにします。でも何をされてるんですか？」

「[redacted]さんが今そこにいるの」

「[redacted]さんて？」

「シッ、静かに。ほらあの人よ」

彼女が指指したのは、ひとりの男性郵便局員だ。何かの作業中なのか、局の建物をしきりに出たり入ったりしている。

「あの局員さんがどうかしたんですか？」

「気になるの。ハッキリ言うと好きなの」

「あ、そうなんですね…」

いい歳こいてこの婆さん、まるで乙女じゃないですか。

恋の真っ最中だそうで

やがて[redacted]さんが局の中に入ったまま戻らなくなると、彼女は少し寂しそうな顔をして話し始めた。

「夏ごろから気になってるの」

彼女、やはり以前から例の精神病院に通院している方だそうで、たまたま郵便局前で[redacted]さんを見かけた際、一目惚れしてしまったらしい。以来、通院のついでにいつもこうして彼の様子を見守っているんだそうな。非常にバカバカしくもあるが、ややけなげでもある。

半ば本気で尋ねてみた。

「よかったら[redacted]さんの連絡先、代わりに聞いてきてあげましょうか？」

もともと表情の乏しかった彼女の顔が一層、能面じみたものになった。冷めた声が口から漏れる。

「ふざけんじゃないわよ」

そのまま婆さんはどこかへ立ち去っていった。自分の恋は自力で成就させたいようだ。

「食べながらオシッコするのよ」

再び歩きはじめてふと後ろを振り返ったのは、無意識に勘のようなものが働いたからなのだろうか。振り向いた先で、さっきの男娼連呼ジーサンが慌てて物陰に隠れるところを目撃してしまった。

背中に冷たいものが走る。もしや尾行されてる？　でもなんで？

恐る恐る歩み寄る。

「あのう、何か用ですか？」

ジーサンはこちらが心配したくなるほどの狼狽を見せた。

「い、い、いや、なな、何もないけどぉー！　う、うんー！」

「ホントですか？」

「ホッホントに。な、何もないよ、うん！」

次の瞬間、ジーサンが老人とは思えないスピードで逃げ去っていった。途中、こちらに向かって罵声を上げながら。

「き、汚らしいんだこの男娼バカ！　通報するぞバカ！　バカ野郎！」

何なんだよ、いったい…。

昼過ぎ、目についたメシ屋へ。注文のついでにオバチャン店員に話を振ってみる。

「この界隈って変なお客さんとか来たりします？　ほら、ああいう病院が近くにあるから」

「ああ、はいはい。そういう方はしょっちゅうよ」

オバチャン、表情がパッと明るくなった。どうやらこの手の話題は嫌いじゃないらしい。

「つい昨日もね、ズボンをはかないでパンツのままのお客さんが来たわよ」

「そんな連中がしょっちゅう来るんですか？　困りません？」

「うーん、変な人は多いけど、暴れたりするようなことは滅多にないしね。あ、でも、一度すごい嫌な目にあってね」

「はあ、どんな？」

「食べながらオシッコするのよ。ジャーって。それも知らん顔してやるもんだから他のお客さんもビックリしちゃって」

オバチャンがさも忌々しそうにしかめ面をする。

「さすがに飲食店だから、そういう排泄関係はねえ。パンツ一丁ならまだいいんだけどさ」

いや、パンツ一丁も十分NGだと思うのだが。あるいは、この町で商売していると感覚がマヒしてしまうのだろうか。


「ねえオバサーン！　ツーアウト！」


2時間後、駅付近のコンビニに立ち寄ったときのことだ。ドリンクを買って表に出ると、ふいに誰かの叫ぶ声が聞こえた。

「クソジジイ！　アウト！」

驚いて見れば、付近の奥まった路地に、キャップを被った奇妙な髪型の男がウロウロしている。歳は40半ば。帽子と大きなギョロ目の組み合わせは、さかなクンそっくりだ。何だろう、アイツは。

と、そこへ、自転車に乗った中年男性が通りをスイ〜っと横切った。すかさず路地から飛び出したさかなクンが自転車男性の背中に声を浴びせる。

「クッソジジイ！　アウト、アウト、アウトォ！」

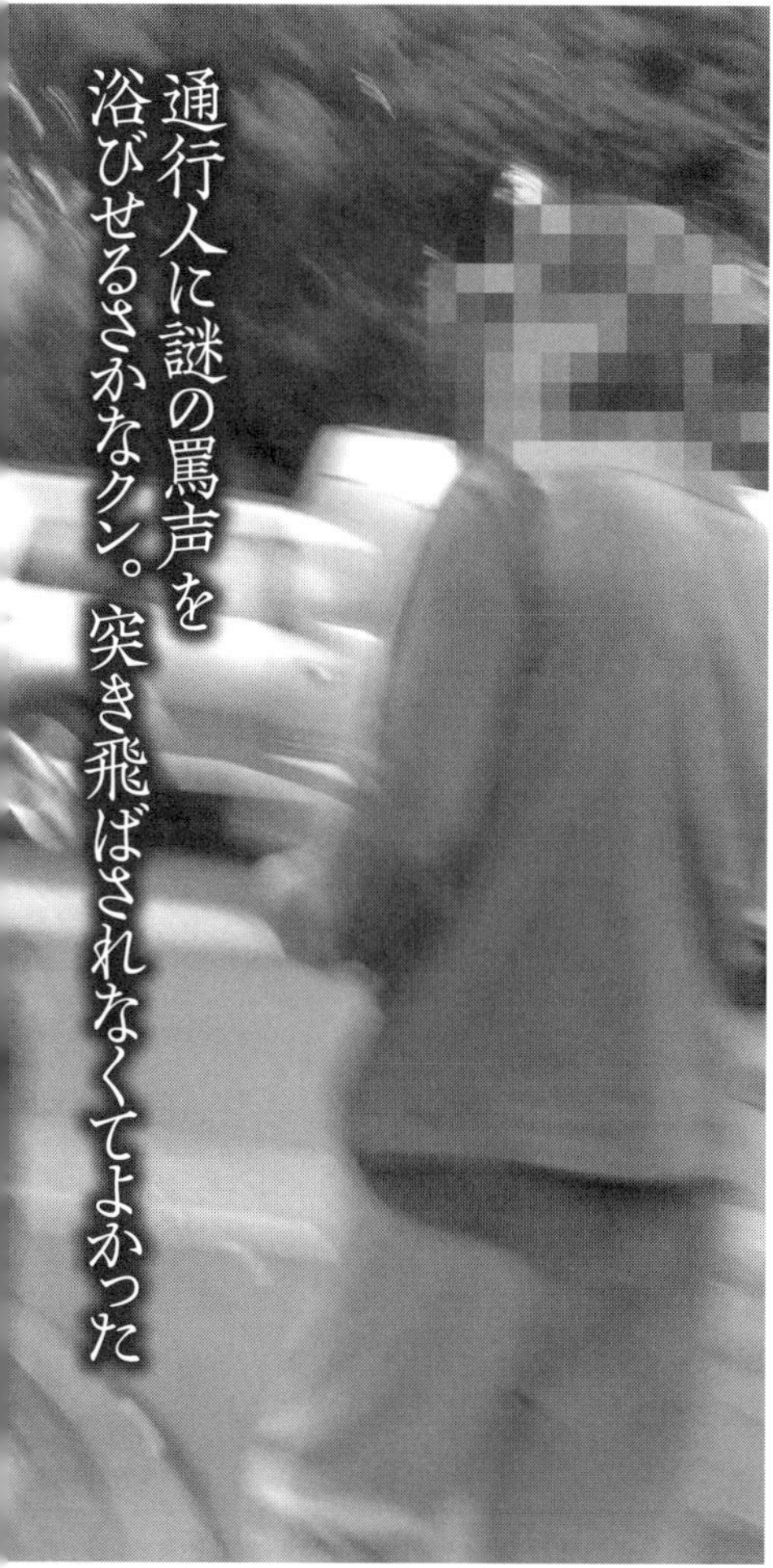
通行人に謎の罵声を
浴びせるさかなクン。突き飛ばされなくてよかった

どうやら通りを行く人々にいちいち罵声を投げかけているようだ。タチ悪いなぁ。

おや、今度は中年のオバサンが向こうから歩いてきたぞ。

案の定、オバサンが目の前を通過したタイミングで、さかなクンが隠れていた路地から躍り出る。

「ババア！　ねえオバサーン！　ツーアウト！」

間髪入れず反対方向から2人組の女子高生が。マズい、あの子たちも罵声を浴びせられるぞ。

またしても、さかなクンが駆けだす。

「オネ〜サ〜ン、行ってらっしゃ〜い」

アウトじゃないんかい！　しかも声まで優しくなってるし。

別にそのまま放っておいてもよいのだが、ああいうふざけたキャラを無視するのはもったいない。ちょっと話しかけてみよう。

「こんにちは。さっきから何をされてるんですか？」

近づいた瞬間、さかなクンの顔にはっきりと緊張の色が走った。

「え？　いや、まあその、いま母親の迎えを待ってまして。ええ」

「その病院に行ってらっしゃったんですか？」

「はい、さっき診察が終わったところでして。あの、何か…？」

真っ当な受け答えができることに面食らった。さっきまで「クソジジイ、アウト！」と叫んでいた男と同一人物とはとても思えない。

と、そのとき、付近の店から現れた店員のオニーサンが、小走りで近づいてきた。おれの腕をがしっと組み、さかなクンから引き離す。あれ、どうしたの。

「ちょっと、あの人をあまり刺激しない方がいいですよ」

顔が真剣だ。

「いやホント、突然キレるから。前も一度、うちのお客さんが危ない目に遭ったんだよね」

例によって通行人にアウトコールを浴びせていたさかなクンに憤慨し、彼の店の客が注意したところ、突然、突き飛ばされたというのだ。車が走行中の道路に。

「幸い、お客さんにケガはなかったんですけど、もしそうなっていてもああいう人たちは責任能力がないんですから、何かあっても取り返しがつきませんよ」

上手くなだめる同病の者も

午後4時。徒歩で行けるところはあらかた探検し終えたので、お次はバスに乗って少し行動範囲を広げてみることに。

ちょうど駅前のバス停に停まっていた1台に乗り込み、後部座席に腰かける。

前席のオバサンのおかげで
自殺願望はとりあえず
なくなったようだ

異変はバスが発車して1分も経たずに起きた。

「あ〜〜〜、もうやだな、死のうっかなぁ、俺！」

すぐそばに座っていたオッサンが、突然、大声をあげるのだ。車内は水を打ったように

シーンと静まりかえっている。当たり前だ。

そんなことにもお構いなしにオッサンが再び投げやりな声を張りあげる。

「もうどうしよう、死ぬしかないのかなぁ！　あーあ！」

と、オッサンの前の席に座っていたオバハンがくるりと後ろを振り返った。てっきり、

ハタ迷惑なオッサンを叱りつけるのかと思いきや、

「失礼ですけど、あなた、統合失調症（※幻覚や幻聴にさいなまされる精神病）？」

意外な台詞が飛び出てきた。

気をそがれたように、オッサンが小さく答える。

「…え、まあ、そうだけど」

「実は私も同じ病気なの。薬はちゃんと飲んでるの？」

「うーん、飲んでるんだけど症状が安定しなくて…」

「何か頑張りたいことを決めて、無理のない範囲で続けるといいよ。もちろん薬も大事だ

けど、こういう病気はね…」

淡々としながらも親身になって話すオバサンに、「うん、うん」と素直に耳を傾ける男。

すっかり落ち着きを取り戻し、最後は「どうもありがとう」と礼を言ってバスを降りていった。

バスで奇声を発する者もいれば、それを上手くなだめる同病の者もいる。こういうのもまた、この町ならではの光景なんだろう。


「だけど乳首がなぁ！　黒いってのがなぁ！」


界隈をバスでぐるぐると周り、元の駅に戻ってきたころにはすっかり日も暮れていた。病院の外来時間もとっくに過ぎたようで、入場門は固く閉ざされている。こうなると、患者たちがふらふら町に繰り出すことはもうないだろう。

撤収しようと駅へ向かう途中、近くの書店に立ち寄った。雑誌コーナーでしばし週刊誌を立ち読みしていたところ、ふと隣りから妙な声が。

「う〜〜わ…う〜〜わ…」

ちらりと横目で確認する。青いセーターを着込んだ40前後の男が、グラビア誌を読みながら、ズボンの上から股間をモミモミしていた。それも軽い感じではなく、鷲づかみにした股間を大きく前後左右にさするようなかなりエグイやり方で。

やがて、音量大きめの独り言も。

「…う〜〜わ、Gカップかぁ〜！　だけど乳首がなぁ！　黒いってのがなぁ！」

アッチ系の人なのは間違いない。病院が閉まってもまだ徘徊しているとはどういうわけだ。

「失礼ですけど、あそこの病院に通ってる方ですか？」

声をかけると男はチラッとこちらを一瞥し、スタスタと雑誌コーナーを離れていった。

「あ、あの…」

「プロレス、プロレス！　あれがどうもダメなんだよな！」

意味不明な台詞を吐き、男が店内フロアで妙な動作をはじめた。クルリとターンしたり、足踏みしたり、ズボンを思いっきりつり上げて股間を強調したり。何かよろしくないスイッチが入ってしまったようだ。

小さな女のコを連れた母親が、男の様子に青ざめ、逃げるように店を出ていった。他の客も、何なんだアイツはと一様に顔をしかめている。

やがて見かねた書店員がやんわり退店を促すと、男は「ふう」と大きく息を吐いてうなずいた。

「大変ありがとうございました。また来ます！」

無事、男が去った後、店員に話しかけた。

「大変ですね。いつもこうなんですか？」

「ああいう病院が近くにあるので、やっぱりねえ…。でもまあ、ここらの人はそういう事

閉門後も町中に患者らしき姿が見られる

情をわかってるし、誰もそんなに気にしてないとは思いますけどね」

★

今回の訪問。部外者のおれにはかなりショッキングな場面が少なからずあったが、地元の人にとってはありふれた日常に過ぎないという印象を受けた。町におかしな人がいるとはいえ、それを原因とする悲惨な事件が起きてないことも大きいのだと思う。この先もずっと、平和が続くことを願うばかりだ。

ヨソ者のおれにも排他的？

秋田県・上小阿仁村。

読者のなかに、この地名を見てピンとくる方はどれだけいるだろうか。

数年前、医者いじめの村、医者を追い出す村として話題となった地域だ。

ご存じない方のためにコトの経緯をざっと説明しよう。

発端は、2007年、同村にある唯一の診療所に、初の公募でやってきた医師が、就任からわずか4カ月で辞意を表明したことだった。

その後も村側は、公募で医師を招くのだが、驚くべきことに、やって来た医師は皆ことご

村医の辞任騒動は新聞でも取り上げられた

とく短期間で村を去ってしまう。

具体的には長くて約2年半、もっとも短い場合はたったの1カ月という具合で、中には辞任の際、村民や村役場を公然と批判したり、村民からの嫌がらせやイジメをほのめかす医師もいたそうな。

以上が、「医者いじめの村」のおおよその内容だ。当時の村長も村の広報誌に、ある一人の医師の辞任について「原因は一部の村民のイジメ」と明言している。

裏モノ誌上において、これまで凶暴な町、ドヤ街、奇病の村など、数々の変わった土地を訪ね歩いてきたおれにとって、上小阿仁村はかねてから興味関心のマトだった。

いったい、ここはどれほど排他的なエリアなのだろうか。いざ現地に乗り込んで、実際の空気を感じ取ってきたい。

医者イジメ

探訪

リポート｜藤塚卓実｜本誌副編集長

「裏モノJAPAN」2016年10月号掲載

ジーサンは目を離さない

２０１６年８月上旬、昼前。秋田市内からレンタカーを飛ばし、目的の村を目指した。

市街地を出て、山林や水田の広がるのどかな景色に囲まれながらクルマはひたすら北上していく。

およそ１時間半後、いくつものトンネルを抜けた先に民家がぽつぽつと姿を現しはじめた。上小阿仁村に入ったらしい。

この村、地図で確認すると面積はかなり広いが、その大部分は山林などで占められており、人の住む地域はほんのわずかしかない。人口も２６００人程度と少なく、人口減

村は秋田県の山間部に位置する

少が進む秋田県内でも屈指の過疎地域と言われているんだそうな。

運転席から眺める風景は田舎そのものだ。国道の両側には田園が続き、その背後には緑の濃い樹木に覆われた山々が。そしてときどき出現する民家はどれも年季が入っていて、廃墟になった商店や打ち捨てられた家屋もちょくちょく目につく。どこか懐かしささえ感じる鄙びた雰囲気。そんな表現がぴったりである。

そうこうするうち、クルマは今晩宿泊する宿に着いた。まずまず立派な外観の和風旅館だ。ひとまずチェックインして荷物を置き、それから探索に出かけるとしよう。

「ごめんくださーい」

誰もいない玄関で何度か声をはり上げたところ、ようやく中から80歳近いバーサンがのそのそと顔を出した。

「はい？」

「あの、今晩の宿泊を予約した者なんですが」

「はあ。じゃあ、どうぞ2階へ」

バーサンに続いて階段を上り、小ぎれいな和室に通された。

「お〜、なかなかいい部屋ですね」

「風呂は下の階にあります。24時間いつでも入れますから」

そう言って、そそくさと立ち去ろうとするバーサンを慌てて呼び止める。

「あ、すいません。まだ部屋の鍵をもらってないんですけど」

やや間があって、彼女がゆっくり口を開いた。

「鍵、要るんですか？」

「…え？　は、はい。貴重品もあることだし」

「いま取ってきます」

もらった鍵でしっかりと戸締りをしてから宿を出た。とりあえず、徒歩で近所をぶらついてみるか。

あてもなく、村のメインストリートである国道287号を北へ。途中、目についた脇道に出たり入ったりを繰り返していたところ、一軒の民家から70近いジーサンがひょっこりと出てきた。こちらの存在に気づいた老人は、一瞬、ハッとした表情になった後、ジーッとこちらを見つめてくる。

そのままジーサンをやり過ごすまでの間も、やり過ごしてからチラッと後ろを振り返ったときも、ジーサンはおれから目を離さない。

「おらに言わせりゃ医者も悪いべ」

それから2キロほどダラダラ歩いた後、いったん宿の駐車場に戻って、クルマで村内を移動することにした。出歩いている村の人間が想像以上に少ないため、徒歩で探し回るには効率が悪すぎるのだ。クルマで人のいそうなところを片っ端からサーチした方がはるかに手っ取り早い。

ハンドルを握って5分、さっそく農道付近で何かの作業をしているジーサンを見つけた。クルマを降りて、道を尋ねる風を装って話しかけてみる。

「あの、すいませーん」

一瞬、こちらを見たジーサンは、またすぐに顔を戻し、作業を再開した。耳が遠いのか？

「あの、すいませーん！　ちょっと道をお尋ねしたいんですが！」

今度はかなりの大声で叫んだ。しかし、ジーサンはまだ振り向かない。

ならばと至近距離まで近づき、相手の目を覗き込みながら「すいません」と言ったところ、ジーサンはぷいと顔をそむけ、どこかへ歩き去っていった。

ふたたびクルマ移動をはじめてしばらく、面白そうな場所を見つけた。道の駅だ。ここなら村民もたくさんいるに違いない。

敷地内に入ってみると、案の定、売店外のベンチに、地元民らしき60代のオッサンが2人、たばこを吸いながら談笑していた。さて、なんと言って話しかけようか。例の医者いじめの件でも聞いてみるか。

「お話し中すいません。いま気づいたんですけど、ここって、ちょっと前に話題になった上小阿仁村だったんですね。医者が次々と辞めていったという」

　通りすがりの旅行者の体で、軽い調子で切り出したところ、オッサンたちは無言で互いの顔を見合い、それからジロジロと視線を投げかけてきた。

「あんた、だえ(誰)？　どごの人？」

「東京から来た旅行者です」

「この村さなんが用？」

「いえ、たまたま通りかかっただけなんですよ」

「へえ。で、どこまで行ぐの？」

「特にどこへ行こうというのはないんですけど」

「ここには泊まるべか？」

「まあ、そんな感じです」

　矢継ぎ早に詮索された後、ようやく彼らの一人が医者いじめの話を語り始めた。

「なんが村の連中が悪者みたいに言われでたけど、おらに言わせりゃ医者も悪いべ」

「なんでですか？」

「うぢのバーチャンも言ってだけど、あの医者、ながなが薬を出したがらながったの。年寄りなんて、薬さえもらえだらそれで安心すんのに、ダメだって。かんたんに薬ば飲む方が体に毒だがらどかなんどか言って」

　どうやら彼らの非難は、これまで村を出ていった医師全体にではなく、その中の一人に向けられたものらしい。

　隣にいた別のオッサンもうんうんとうなずきながら口を挟む。

「やっぱりこの村にはこの村のルールみたいなものがあんだっけ。それさ合わしてくれねえんだば反感を買ってもしょうがねがべ」

「じゃやっぱり、イジメの話は本当なんですか」

「さあ、どうだべ。ただ、あの先生を好きじゃねえって人は結構いだけんども」

道の駅の人々は医者イジメの持論を

「ふうん、この村で何してら？」

もう少し村人と接触するべく道の駅の敷地内をウロウロしていたところ、トイレの出口付近でたばこを吸っているジーサンと目が合った。なぜか怪訝そうな表情を浮かべ、まっすぐこちらを凝視している。その視線の圧がすさまじくてちょっと気おくれしたが、思い切って話しかけてみた。

「すいません。この辺りにコンビニとかってありませんかね」

険しい表情そのままにジーサンが声を発する。

「おだくさん、だえ（誰）？」

「えっと、通りすがりの旅行者ですけど」

「ふうん、この村で何してら？」

「いや、だからただの通りすがりでして」

「どこがら来だっす？」

「東京です」

ここでようやく、うっすらと笑みがこぼれた。

「この間の都知事選、すごかったなぁ。コンビニは、そっちさある国道ば、ちょごっと行った

メインストリートですら人影は乏しい

静かすぎる民家の密集地帯

先にローソンがあるよ」

礼を言ってその場を離れた後、ふと振り返ってみたら、はるか後方のオッサンはまだこちらをじっと見ていた。

村で唯一というコンビニに足を踏み入れた途端、少しホッとする自分がいた。見知らぬ寒村にあってもこの場所の光景だけは、住み慣れた東京で目にするものとまったく同じだ。違うところがあるとすれば、来ている客がすべて老人だという点か。過疎の現実を目の当たりにした気分だ。

弁当を買って、車内で遅い昼食を取ったあと、ふたたびドライブを再開させた。

1時間後。村の中をあちこちをさまよった挙句、たどり着いたのはちょっとした住宅街のような場所だ。

といっても都会で見るような住宅街ではない。トタン張りの古い家がごちゃごちゃと密集していて、それがずっと遠くの方まで続いている、そういう場所だ。クルマを降りて少し歩いてみることに。

どれだけ進んでもあたりは静寂そのものだ。人影もなければ走ってるクルマも見かけない。世界中の時間が止まって、自分だけが動き回ってるような、そんな不思議な感覚に捕らわれる。通りかかった民家の軒先で、女の子がシューズを洗っている場面に遭遇した。まだあどけない顔立ちからして、小学3、4年生といったところか。

口を半開きにしてこちらをじっと見ているので、「こんにちは」と笑顔であいさつする。彼女は、洗いかけのシューズを放り出し、家の中に消えていった。

「2千万ももらってるぐせに、ヤブ医者ばっかなんだから」

散策を終えてもと来た道を戻ったとき、おれのクルマに見知らぬオッチャンが張り付いていた。ん？　何してるんだ、あの人。

しばらくその場で様子をうかがってみる。オッチャンは窓に手をかざして、何やら車内を覗き込んだり、ナンバーを確認したりと忙しそうだ。

「すいません。クルマ、邪魔でした？　いますぐどかしますんで」

「……」

軽く睨んだ後、何も言わずオッチャンは立ち去ろうとする。思わず呼び止めた。

「あの、この村って上小阿仁村ですよね？　一時期、医者イジメで話題になった」

足を止めたオッチャンが、不機嫌そうな顔を向ける。

「なんでほんたらこと聞ぐの？　あんた、だえ(誰)？」

「ただの旅行者ですけど」

「どっからござっしゃた？」

「東京です」

オッチャンがポケットから取り出したタバコに火をつける。

「医者イジメって言うけんど、医者の方にも問題はあるなや」

「そうなんですか」

「んだ。村から給料2千万ももらってるぐせに、ヤブ医者ばっかなんだから」

「なんでヤブ医者だと？」

「ちょこっとした病気でもすぐに紹介状なんが書いで、村外のでかい病院さ任せようとするんだから。そいは3流の医者のすることだべ。なあ？」

タバコの煙をふーっと吐き出し、オッチャンはスタスタとどこかへ行ってしまった。

午後6時すぎ。西の山に日が沈みかけるころには、いよいよ村人を見かける機会がなくなってしまった。大通りを走る車もほとんどなく、夕暮れの赤い光に照らされた水田には、数匹のトンボがふらふら飛んでいる。

いかにもな夏の風情に見とれていると、前方から農作業着姿のジーサンが歩いてきた。田んぼ仕事の帰りだろうか。

「すいません。この辺りに飲み屋さんとかないですかね」

夜、村人が集まって酒を飲む店でもあれば、いろいろ話も聞けそうだと尋ねたのだが、ジーサンは一瞥くれただけで立ち止まりもせず、そのままゆっくりと歩き去ってしまった。

仕方なくスマホで検索してみたところ、あいにくこの村に居酒屋やスナックの類はないっぽい。まあ、いい。今日はとりあえずはやめに布団に入って、明日の朝また動くとしよう。

クタクタになって戻った宿は、シーンと静まり返っていた。受付カウンターは無人で、灰皿の置かれた休憩スペースや廊下にも人影はない。どうやら宿泊客もおれの他にはいないようだ。

ゆっくりと風呂に浸かった後で、コンビニで買った缶ビールを飲みながらテレビを眺める。しかしチャネル数が3つしかない民放番組はどれも退屈で、寝そべりながら見ているうちに、いつの間にか眠りに落ちていた。

「村の人間から診療所の話どか聞いでだが？」

翌朝は、村の中心部を離れ山間部の方へ。樹木に挟まれた細い道をうねうねと進んでいった先に、こじんまりとした集落が見えてきた。適当な場所にクルマを停め、徒歩に切替える。

高齢者の多い地域ということもあり、さすがに午前中は人々の活動が活発なようだ。民家の軒先や往来でたびたびジーサンバーサンの姿を見かける。

しかし、そのたびにジロジロ視線を投げかけられるのは、たまったものじゃない。なかにはおれが視界から消えるまでひたすら視線を送ってくる人間もいて、軽い緊張を強いられるからだ。

ゆるい坂道をのぼっている途中、民家の車庫の前で地べたに座る3、4人のジーサンバーサンを見かけた。何かの作業中に休憩を取っている様子で、おれに気づいた彼らは、例によって目を見開き、ジロジロと視線を送ってくる。

「こんにちは」

軽く会釈したものの、相手の反応はない。もうこんなのは慣れっこだ。

ひととおり集落を一周したタイミングで、またストレートな視線を感じた。ペットボトルのお茶を飲みながら、作業着姿の男がこちらをじっと見つめている。歳のころは40後半くらいか。

やだなぁと思いながら前を横切ろうとしたとき、その男から声がかかった。

「あんだ東京の人？」

「え？　は、はい」

「村の人間がら診療所の話どか聞いでだが？」

首の後ろのあたりがゾゾゾと冷たくなった。なんでそんなこと知ってんだ？

「あ、あのどうしてそれを…？」

「道の駅、道の駅」

「え？」

昨日、道の駅でおれが2人のオッサンと話しているそばにたまたま彼がいて、立ち聞きしていたらしい。

これも何かの縁だ。医者イジメの話を彼自身にも聞いてみよう。

「うーん、おえ（俺）はもどもどあん診療所は使ってなぐて、

村外の病院さ行ってでるがら、正直、よぐわがんねえんだ。ただ噂みだいなのは聞いだことあるけど」

「どんな噂ですか？」

尋ねると、彼は上を見上げてアゴをポリポリとかいた。

「くだらない話だべ。医者の家にイタズラ電話がかがってきたどが」

「他には？」

「あどは医者の家のシャッダーだがドアだかが壊されだとか、おえが知ってるのはそれぐらいだ」

「ご自身はこの村についてどう思います。排他的だと思いますか？」

「多少は思うべ。特に年寄りなんがは。狭い村だからなおさら、よそ者どそうでねえ者さ区別したがるんでねえの？　でも、それって、ここに限った話でもねえと思うけどよ」

★

最後に、いま現在、村の診療所に勤務している医師のことにも触れておこう。

聞くところによると、この医師は東京からやってきた人物で、村医に就任してから今年8月ですでに丸3年が経っているという。

どんな様子で働いているのか知りたくなり、腹痛を装って実際に診察を受けてきたのだが、見たところ元気にやってらっしゃるようだった。

診療所で会った現在の村医さんはとても元気そうでした

飛び込み自殺が見える家……

家

リポート｜藤塚卓実｜本誌副編集長

「裏モノJAPAN」2019年3月号掲載

住人や周囲は日々どう感じているのだろうか
崖の上にある家……
怖い

ガスタンクのそばにある家……

本来、家というのは誰にとっても安住の場所であるべきだ。

　仕事で消耗し、世間にも気を遣い、クタクタになっても、そこへ帰れば安堵する。心と体を解放し、リラックスできる。〝我が家〟とは、そういうもののハズだし、そうでなければならない。

　ならば、ときどき町中で見かける妙な光景は何なのだろう。中にいると、リラックスどころか終始、緊張しっぱなしになりそうな家々の存在は。

　とにかく立地がおかしいのだ。どうしてあんなところや、こんなところに住もうと考えたのか。危ないから止めようとはならなかったのか。下手すりゃ死んでもおかしくないのに。

くっ、好奇心を抑えきれん！

崖崩れがあったら死んじゃうところなんて

まず訪れたのは横浜の本牧元町のマンションだ。最寄り駅からタクシーで10分、目指す建物が左手前方に見えたとき、思わず声が漏れてしまった。

「うわ怖っ。なんじゃこりゃ！」

ハンドルを握りながら運ちゃんが口を開く。

「ここ、ホントに凄いっすよね。あのマンションを初めて見る人は、必ず驚かれるんですよ」

「でしょうね」

「この間もお客さんが、あんなとこ住むなんて絶対に頭オカシイって笑ってましたよ、ははは」

タクシーを降り、改めて周囲を見渡す。目の前には高さ50メートル以上の崖。そして、そのてっぺんにはいくつかの棟に分かれたマンションが、崖へせり出すように建っている。

つまり崖が少しでも崩れようものなら、マンションが真っ逆さまに落ちてしまう造りになっているわけだ。見てるだけでキンタマがキューっとなってしまう。

むろん崖はコンクリでしっかりと補強されている。しかし、それが安心材料になり得るのか。3・11しかり、ゲリラ豪雨しかり、自然の脅威はいつも人知を超えてくるものだ。

脇にあった石段を上り、崖の最上部へ。崖の反対側はなだらかな丘陵地になっており、例のマンション以外にも住宅街が広がっていた。この辺りは、崖からそこそこ距離があるため、崩落の心配はなさそうだ。

その住宅街の一軒から、犬を連れたオバハンが歩いてきた。会釈をして話しかけてみる。

「あのマンション、すごいところに立ってるんですね」

オバハンが大きくうなずく。

「ホント、怖いよね～」

「やっぱりそう思いますか」

「この辺の人、みんな言ってるわよ。大きい地震が来たらどうするんだろうねって。地盤は固いらしいんだけど、100％安全じゃないもんね」

今の家を建てる以前、彼女は例のマンションの中古物件を内見したこともあるらしい。

「価格が手ごろだったから主人は気に入ってたんだけど、私は購入に反対したの。やっぱり、住めないわよ。崖崩れがあったら死んじゃうところなんて」

崖の反対側をさらに進み、丘陵地を下ったところでまた、付近の住人らしきニーチャンと遭遇した。

よくもこんなところに
建てたもんだ

「ああ、あの崖の上のマンション？　ヤバいっすよね。うちの母親も興味津々ですもん」

「というと？」

「僕、地元が九州なんですけど、横浜で地震とかあると、心配して実家の母親から電話がかかってくるんです」

「ええ」

「で、そういうとき『あそこの崖、崩れんかった？』っていつも聞いてくるんですよ。どこかワクワクした感じで」

何も心配ゴトなんてありませんけど

ここらでマンション住人にも話を聞いてみよう。

エントランス前でしばらく張り込みを続けていたところ、いかにも品のいいバーサンがそろりそろりと現れた。

「すいません。マンション住人の方ですよね。私、ここの中古物件の購入を検討してる者

このまま何事も
起きなければいいのだが

なんですけど、実際に住んでる人の意見を聞いてみたくて。住み心地とかどうですか？」

無表情にバーサンが答える。

「近所に小さなスーパーしかないこと以外は、特に不便は感じてませんけど」

「あの、崖のことはどうですか？　災害とか考えると、ちょっと怖い気もするんですけど」

急にバーサンが笑顔になった。

「ああ、大丈夫ですよ。東日本大震災のときだって何もなかったんですから」

「まったく？」

「ええ、まったく。たしかあのとき、横浜は震度5くらいはあったと思うけど、問題があったなんて話、聞いたことありませんよ」

その後も数名の住人に話を聞いてみたが、内容はどれも似たり寄ったりだった。

「崖の部分は地盤が固いうえに補強もされてるし、施工もしっかりしてるから何も心配ゴトなんてありませんけど」

ふむ、そんなもんかね。

他にも話を聞いてみたい人たちがいる。崖の真下に立ち並ぶ、5、6軒の新築民家。あそこの住人は危機意識を持っていないのだろうか。上からマンションが落ちてくるようなことがあれば、ひとたまりもないハズだが。

目的の民家群の軒先で、ちょうどタバコを吸っている男性を見つけた。すいませーん。

「え、崖の下に住んでて不安じゃないかって？　いや全然」

おっ、即答だ。

「でも、地震があったら怖くないですか」

「いや。3・11のときはすでにこの家に住んでたけど、石コロひとつ上から落ちてこなかったよ。てかそんな簡単に事故が起きちゃうようだったら、こんなとこに家なんか建てないでしょ」

「なるほど、たしかに」

「俺ね、生まれも育ちもずっと本牧だから知ってるんだけどさ、あのマンションでそういう事故があったなんて聞いたことないし。めっちゃ安全だよ」

何かあったら一巻の終わりじゃん

お次は都内の練馬区へ足を延ばした。某私鉄の駅を降り、ずんずん歩いていくと、やがて前方に、思わず息を飲む光景が。

直径30メートル以上はあろうかという球状の巨大ガスタンクが姿を現したのだ。それも住宅街の真ん中に、同じ大きさのが6基も。

聞くところによると、これらのタンクの中身は燃料用の天然ガスとのことだが、こんなものがもし爆発でもしたら、死人が数名出るレベルでは済まないのでは？

いても立ってもいられず、前方からやって来たオッサンにさっそく声をかけた。

「すいません。ちょっとビックリしたんですけど、あんな町中にガスタンクがあるんですね。危なくないんですか？」

「ああ、アレね、めちゃくちゃ迫力あるっしょ。怖いよね〜」

「なんかガスタンクのすぐ近くに住宅街もありますけど」

オッサンの顔に何とも楽しげな笑顔が浮かぶ。

「だから飲んでるときとか、友だちと時々そういう話になるんだよ。タンクが腐食してガスとか漏れだしたら大変なんじゃねえかって。引火するとあの辺の家なんか全部、吹き飛んじゃうもんね」

うんうん、ですよねー。

ガスタンクが見渡せる横断歩道で信号待ちの男性にも声をかけてみた。聞けば彼、現場から1キロほど離れたところに住んでいるらしいのだが、この付近を通るたびにいつもヒヤヒヤするという。

「見てるとどうも危なっかしいんだよね。なんかさ、土台がちゃち過ぎるっていうか」

言われてみればたしかに。各々のタンクは、地面に突き刺さったいくつかの細長い棒状の柱に取り付けられ、宙に浮いたような格好になっている。かなり不安定に見えなくもない。

威圧感がハンパない

「でしょ？　地震とか来てあの棒が折れたりしたらヤバいって。タンクがゴロゴロ転がって、ドカンってなるよ」

「怖いっすねー」

「マジでめっちゃ怖いよ」

「タンクのすぐ近くには民家もたくさんありますけど、あの人たちは平気なんですかね」

「いや、俺もそれ何回も思った。マジであの人たち、よくあんなとこに平気で住んでられるよね。何かあったら一巻の終わりじゃん」

やはり部外者が抱く感想はみな同じようだ。

テロの標的になったらわかんないよ

では日常的にガスタンクのそばで生活している人はどういう思いなのだろうか。ちょうどガスタンクのすぐそばにハンバーグの専門店がある。食事も兼ねて訪ねてみよう。

店内の窓側に座って外を眺めていると、若ママさん風の店員が注文を取りに来た。メシを頼み終えてから、それとなく話しかける。

「この店、何だかすごい立地ですよね」

そう言って窓の外を指さした。その先にはガスタンクが圧迫感バリバリに鎮座している。

どうにも落ち着かん飲食店だな

「ああ、ガスタンクですか。他のお客さんも同じこと言いますよ。ふふふ」

「あんなのの間近で働いてて怖くなりません？」

「ふふ、やっぱりちょっとは意識しますよ。私、この店で働き出して数年経つんですけど、いまだに同僚とあのタンクのことで話しますもん」

「どんな話されるんですか？」

照れくさそうに彼女が答える。

「いやー、あれが爆発しちゃったら私たち終わりだねって。ふふ」

「いや、爆発したらホントにそうなっちゃいますよ。いいんですか？」

「そうなったらまあ、しょうがないんじゃないですかね」

口ではそう言いつつ、悲壮感のようなものはまるで感じられない。すっかりこの環境にマヒして恐怖を感じなくなったようだ。

店を出たあと、タンクのすぐそばにある住宅街へ。人気のない路地をあちこち歩き回っているうちに、とある家の軒先で作業中のオッサンを発見した。玄関前に積んだ荷物を片付けているようだ。

「こんにちは」

オッサンがひょいと振り向く。

「ああ、どうも」

テロが起きませんように

「この住宅街、珍しいですね。あんな大きなガスタンクが目の前にあるじゃないですか」

「ああ、アレね。みんなびっくりするんだよ」

まるで他人事だ。全然ビビッてないっぽい。

「怖くないんですか？」

「怖くないよ。50年ほど前からあそこにずっとあるんだから」

「これまで1回も事故とか起きてないんですか？」

「ハハ、ないない。万が一にもそういうことがないように安全対策が何重にも取られてるんだから」

ここでオッサンの手がピタリと止まった。

「でもね、テロの標的になったらわかんないよ」

「え？」

「最近、外国でよくテロが起きてるでしょ。ああいう連中にロケットランチャーみたいなのでバーンと打ち込まれたらそれまでだからね。たぶん、そっちの方の対策は全然されてないんじゃないかな」

なんだ、結局、不安なのか。

「てことはやっぱり、少しは怖いわけですか？」

「いやいや。そんなテロなんかまず起きっこないって」

真顔で言い終えると、オッサンは家の中へ消えて行った。

気持ち悪くて住んでられっかだってさ

最後に向かったのは東京・江戸川区にあるJR新小岩駅だ。地方在住の方にはピンと来ないかもしれんが、実はこの駅、都民には飛び込み自殺の名所として知られ、この5年間だけでも実に30名が命を落としている。

そして、新小岩駅から西へ100メートルのところにある巨大団地（都営住宅）は、ベランダ側一面が、自殺が多発するホームに向き合っている。そう、つまりこの団地の住人は、飛び込み自殺を目撃してしまう確率が非常に高いといえるのだ。

まずは実際に新小岩駅のホームに立ち、たまたま目についたサラリーマン風に話しかけてみた。

「つかぬことお聞きしますが、新小岩駅って飛び込み自殺がよく起きるところですよね？」

「ええ、そうみたいだね」

「じゃあ、もし自殺があったらあの団地から現場が見えちゃいますよね」

おれが指差した方向をしばらく見つめてから、リーマンが答える。

「ああ、たしかに見えるかも。何かあったんですか？」

自殺多発のホームからははっきり団地のベランダが

「いや、実は引っ越し先の候補にあの団地も入ってるので…」

「ああ、そういうことね」

「うーん、どうしたもんかな」

意見を求めるように視線を送る。リーマンは苦笑いを見せた。

「まあ、そういうのが気にならないなら別にいいんじゃないですか。必ず目撃するってわけでもなさそうだし。僕だったらちょっと遠慮しちゃうけど」

「遠慮しますか」

「ええ、自殺現場が見えるって、やっぱり気持ちのいいもんじゃないもん」

その後も同様の流れで何人かに意見を尋ねたが、反応はどれもリーマンとだいたい同じ。唯一、毛色の異なる話をしてくれたのは、駅前で声をかけた50代男性だ。

「へえ、あそこに引っ越すかもしれないんだ。いいじゃない、家賃もすごく安いし。てか、僕も何年か前、両親をあそこに入居させようとしたことがあるもん」

それまで彼の両親は借家住まいだったそうだが、家賃の出費を抑えるため、彼があの団地への入居を勧めたのだという。

「でもオヤジがイヤだってゴネだしたから、結局、別の都営住宅に応募して、そこに住むことになっちゃったのよ。理由はキミとまったく同じだよ」

「同じとは？」

「自殺の多発現場を見下ろす家なんか、気持ち悪くて住んでられっかだってさ。場所的に前の借家からもすごく近かったし、僕はいい物件だと思ったんだけどな。気持ち悪いなら、見なきゃいいだけの話なのにね」

何とも言えない気持ちになったの覚えてるわ

例の団地に向かった。これだけ巨大な建物なら、住人の往来も頻繁にありそうなものだが、建物内に足を踏み入れたところ、まるで廃墟のごとく人影がまった見当たらない。住人の大半が高齢者ということなので、外に出かける機会があまりないのかも。

それでもしつこく内部をぐるぐる回っているうち、ようやく渡り廊下の奥に住人の姿が。急いで駆け寄る。

「すいません。近々ここに引っ越そうかと考えてる者なんですけど、ちょっとお聞きしたいことがありまして」

歳のころ70近いバーサンが、ゆっくりとうなずく。

「はいはい、私でわかることならどうぞ」

「この建物って新小岩駅のホームが丸見えじゃないですか。飛び込み自殺とか目撃しちゃったらどうしようって心配なんですよ」

バーサンは不思議そうな顔をしてみせた。

「飛び込みが多いって話は聞くけど、私は見たことないですよ」

「一度も？」

「ええ。もし事故が起きても、ベランダの窓を閉めてたら気づかないんじゃないかしら。けっこう静かだし」

買い物帰りらしき別のバーサンにも話を聞いた。

「飛び込み？　いえいえ、見たことありませんよ。見てないんだから怖くなることもありません」

お次はエレベータで一緒になった50代男性だ。

「あの駅で自殺が急に増え出したのは6、7年前からなんだよね。僕はその前からここに住んでるから今さらどうしようもないよ」

うーん、やはり部外者が考えるほど住人は気にしてないのか。まあ、不都合ナシと思っているからこそ、ここに住み続けているとも言えるわけだし。

が、その後もしつこく聞き取りを続けたところ、自殺が起きた直後のホームを目撃したという住人が。この団地でダンナさんと2人で暮らしているという70過ぎのバーサンだ。

「4、5年ほど前だったかしらね。とにかくけっこう昔のことなんだけど、夕方、洗濯ものを取り込もうと思ってベランダに出てたら、駅の方からものすごい音が聞こえてきたのよ」

ベランダから見る
風景はおそらくこんな感じだろう
（団地８階、階段の踊り場から撮影）

「あれは急ブレーキの音なのかしらね。ギギギーガリって、もう本当にイヤな音だったの」

「へえ、どんな？」

もちろん、この時点で彼女は飛び込み自殺だと気づいてはいないが、まもなく救急車やパトカーが到着し、線路にブルーシートが覆われたことでようやく事態を悟ったという。

「遠いから死体とか見えなかったけど、しばらく呆然としてたんじゃないかしら。だって人が死んだ瞬間の音は間違いなく聞いてるんだもの。とにかく何とも言えない気持ちになったの覚えてるわ」

ただそのとき、同じく在宅中だったダンナさんは違う反応を見せたそうだ。

「ベランダに立って嬉しそうに事故現場を見てるの。ここは野次馬の特等席だなとか言って。ホントに趣味が悪いわ」

いずれにせよ、彼女はそれ以来、線路からブレーキの音が聞こえると、恐怖で身が固まってしまうらしい。

鉄人文庫

日本の危険地帯をゆく

2019年3月16日　第1刷発行
2024年3月15日　第2刷発行

編　者　「裏モノJAPAN」編集部［編］
発行人　尾形誠規
編集人　平林和史
発行所　株式会社 鉄人社
〒162-0801 東京都新宿区山吹町332 オフィス87ビル3F
TEL 03-3528-9801　FAX 03-3528-9802
http://tetsujinsya.co.jp

デザイン　細工場
印刷・製本　株式会社シナノ

ISBN978-4-86537-158-1　C0195　

本書へのご意見、お問い合わせは直接、小社までお寄せくださるようお願いします。